Grundriß
des
gesamten deutschen Rechtes
in Einzelausgaben
von
Paul Posener.

14. Band.

Kirchenrecht.

Zweite und dritte Auflage.

Berlin 1909.
J. Guttentag, Verlagsbuchhandlung,
G. m. b. H.

Inhaltsverzeichnis.

5. Kapitel.

Die Verfassung der evangelischen Kirche.

6. Kapitel.

Das Kirchenvermögensrecht.

7. Kapitel.

Die kirchliche Gerichtsbarkeit.

Abkürzungen.

A = Anfechtungsgesetz.
Abs = Absatz.
ALR = allgemeines Landrecht (Preußen).
Ausf- = Ausführungsgesetz zu . . . . .
B = Bürgerliches Gesetzbuch.
Bn = Binnenschiffahrtsgesetz.
Band = Band des Grundrisses.
C = Strafprozeßordnung.
Cod = Codex.
D = Digesten.
E = Eisenbahnverkehrsordnung.
Einf- = Einführungsgesetz zu . . . . .
F = Reichsgesetz über freiwillige Gerichtsbarkeit.
Fl = Flößereigesetz.
G = Gerichtsverfassungsgesetz.
Gb = Ges. betr. die Gesellschaften mit beschränkter Haftung.
Gn = Genossenschaftsgesetz.
Gr = Grundbuchordnung.
Gw = Gewerbeordnung.
H = Handelsgesetzbuch.
J = Institutionen.
JRA = Jüngster Reichsabschied.
K = Konkursordnung.
KG = Entsch. des Kammergerichtes.
MC = Militärstrafgerichtsordnung.
MS = Militärstrafgesetzbuch.
Nr. = Nummer.
P = Patentgesetz.
Po = Postgesetz.
pr = preußisch.
R = Reichsverfassung.
RG = Entscheidungen des Reichsgerichtes.
RMG = Entscheidungen des Reichsmilitärgerichtes.
ROLG = Rechtsprechung der Oberlandesgerichte.
S = Strafgesetzbuch.
SC = senatus consultum.

sc. = saeculum.
Ssp = Sachsenspiegel.
Swsp = Schwabenspiegel.
U = Urheberrechtsgesetz.
V = Verfassung.
Vl = Verlagsgesetz.
Vv = Versicherungsvertragsgesetz.
vgl. = vergleiche.
W = Wechselordnung.
w. o. = weiter oben.
w. u. = weiter unten.
Z = Zivilprozeßordnung.
Zg = Zwangsversteigerungsgesetz.

Anfragen und Berichtigungen werden an die Adresse der Verlagsbuchhandlung oder direkt an den Verfasser Assessor Dr. iur. Paul Posener in Charlottenburg 2, Bleibtreustraße 18, erbeten.

§ 1. **Kirchenrecht** ist die Gesamtheit der Normen, welche die Gemeinschaft der Bekenner des christlichen Glaubens beherrschen.

Hinschius, Das Kirchenrecht der Katholiken und Protestanten, 6 Bde., 1869—1897. Sohm, Kirchenrecht I, 1892. Frantz, Lehrbuch, 4. Aufl. Friedberg, Lehrbuch. Stutz bei Holtzendorff, 2 811 ff. Hergenröther, Lehrbuch des kath. Kirchenrechts, 2. Aufl., 1905.

I. Das Kirchenrecht beruht auf der von der Kirche geschaffenen kirchlichen Rechtsordnung; es wird von Staatsgesetzen beeinflußt.

Das ius canonicum (kanonisches Recht) ist das von der katholischen Kirche geschaffene Recht; es enthält bürgerliches, Straf-, Prozessrecht.

Der Titel Dr. utriusque iuris geht auf den Gegensatz von ius civile und ius canonicum (Legisten und Kanonisten) zurück. Erster IUD war der in den Quellen unter dem Namen Rolandus vorkommende Kardinallegat Hadrians IV. und spätere Papst Alexander III., 1159—1181.

II. Kirche ist die Gemeinschaft der durch den christlichen Glauben verbundenen Personen.

1. Kirche im Lehrsinne ist die von Christus gestiftete Einrichtung,
2. Kirche im Rechtssinne ist die juristische Person,
3. Kirche im vulgären Sprachgebrauche ist das gottesdienstlichen Zwecken dienende Gebäude.

1. Kapitel.

Geschichte der Kirche.

§ 2. **Die römische Kirche** ist international; der Papst ist der Mittelpunkt. Die katholischen Landeskirchen sind nur administrative Bezirke, die vom Staate oder von Staat und Kirche ihr Recht erhalten haben; sie sind nicht selbständig gegenüber dem Papste.

Die evangelische Kirche ist national; in Preussen bestehen 21 evangelische Landeskirchen.

I. Christus hat der Kirche keine Verfassung gegeben, sondern nur die Apostel bevollmächtigt. Die Apostel haben zu ihrer Entlastung in Jerusalem 7 Männer für die tägliche Handreichung wählen lassen; dies ist in den anderen Gemeinden nachgeahmt worden.

1. Der Bischof vereinigt seit dem 3. sc. alle Gewalt in seinem Amte; die anderen Beamten werden ihm unterstellt. Der Einfluß der Bischöfe wächst insbesondere dadurch, daß nur die größeren Orte (als Hauptstädte der Diözese) einen Bischof haben.

2. Die Metropoliten (Bischöfe der Hauptstädte) haben von Anfang an eine hervorragende Stellung; ihnen steht seit dem Konzil von Nicäa 325 die Oberleitung der Bischofswahl und die Bestätigung und Ordination der Bischöfe zu.

3. Patriarch heißt das Oberhaupt mehrerer Kirchenprovinzen; er hat die Oberaufsicht, die oberste Gerichtsbarkeit und das Recht der Einberufung von Synoden.

Durch das Konzil von Nicäa 325 sind die Bischöfe von Alexandria, Antiochia, Rom und seit der Synode von Chalcedon 451 auch die Bischöfe von Konstantinopel und Jerusalem als Patriarchen anerkannt.

II. Unter allen Bischöfen hat der römische Bischof das höchste Ansehen erlangt.

Gründe: 1. die Legende, dass Paulus in der römischen Gemeinde gelehrt habe und gestorben sei;

2. die Behauptung, dass Petrus die römische Gemeinde gegründet habe;

3. die politische Machtstellung Roms als der Hauptstadt des Abendlandes;

4. die Notwendigkeit eines Stützpunktes gegenüber den Glaubenswirren (Kampf des athanasianischen und des arianischen Bekenntnisses);

5. der Beschluss der Partikularsynode von Sardica (Sofia in Bulgarien) 343 oder 344, wonach abgesetzte Bischöfe an den römischen Bischof appellieren dürfen.

§ 3. **Die Spaltungen in der Kirche** haben bewirkt, daß die katholische Kirche tatsächlich nicht mehr die einzige Kirche ist.

I. Die Spaltungen in der katholischen Kirche.

1. Streit der Athanasianer und Arianer; zugunsten des athanasianischen Bekenntnisses 325, Konzil von Nicäa, beendet.

2. Seit 1050 bestehen die morgenländische (griechische) und die abendländische (lateinische) Kirche nebeneinander.

Leo IX. liess am 16. Juli 1054 den Patriarchen Michael Cärularius in der Sophienkirche in Konstantinopel exkommunizieren. Michael vergalt Gleiches mit Gleichem.

Unterschiede: Die griechische Kirche erkennt nur die sieben ersten ökumenischen Konzilien an, verwirft die Herrschaft des Papstes und alle weiteren Fortbildungen.

Unierte Griechen erkennen den Papst an, haben aber keinen Zölibat und nehmen das Abendmahl in beiderlei Gestalt.

3. Die Reformation, 1520—1530, ist rechtlich durch den Augsburger Religionsfrieden 1555 vollzogen, reichsrechtlich und völkerrechtlich 1648 anerkannt.

Martin Luther, geboren am 10. November 1483 zu Eisleben, dort gestorben am 18. Februar 1546, ein Augustinermönch, schlägt am 31. Oktober 1517 95 Thesen an die Schlosskirche zu Wittenberg: er verwirft die katholische Auffassung von der abgesonderten Stellung des Klerus und lehrt das allgemeine Priestertum; er erkennt den göttlichen Ursprung des Papsttums nicht an, lässt nur Taufe und Abendmahl als Sakramente zu. Beim Abendmahl verwirft er die Lehre von der Transsubstantiation („in, mit und unter"), gewährt auch den Laien das Abendmahl in beiderlei Gestalt; er verwirft die Ohrenbeichte und den Ablass.

Leo X. belegt Luther in der Bulle Exsurge domine 1520 mit dem Bann; Luther verbrennt öffentlich diese Bulle und das corpus iuris canonici.

4. Infolge der Schlüsse des Vatikanum 1870 hat sich in Deutschland die altkatholische, in der Schweiz die christkatholische Bewegung gebildet, welche das Dogma der Unfehlbarkeit nicht anerkennt.

§ 4. Die evangelische Kirche. Zwingli in Zürich hat 1519, Calvin in Genf 1536 die Reformation begonnen.

I. Die Scheidung der Evangelischen in Lutheraner und Reformierte erfolgte im Religionsgespräche zu Marburg 1529.

Nach Luther wird beim Abendmahle in der Gestalt von Brot und Wein wirklicher Leib und wirkliches Blut Christi ausgeteilt; nach Zwingli sind Brot und Wein nur Symbole für Leib und Blut Christi, das Abendmahl nur eine Gedächtnisfeier.

II. Die Verschiedenheiten der Lutheraner und Reformierten sind häufig durch Unionen überbrückt worden. In Preußen haben der Große Kurfürst und seine Nachfolger dies versucht. Durch eine Kabinettsorder vom 27. September 1817 sind Lutheraner und Reformierte in Altpreußen zu einer evangelischen Landeskirche zusammengeschlossen worden; einheitliches evangelisches Kirchenregiment, sog. Regimentsunion.

1. Kultusunion ist die Gemeinschaft des Kultus, namentlich des Gottesdienstes und der Sakramente, so nach dem Zirkularerlasse vom 5. Mai 1830.

2. Bei der Konsensusunion ist die gemeinsame Lehre der consensus der Symbole, so in Baden.

3. Unionen sind auch auf der Grundlage des Bekenntnises zur Heiligen Schrift möglich.

---

2. Kapitel.

Die Quellen des Kirchenrechtes.

§ 5. Die Vorläufer der kanonischen Kodifikation haben dadurch eine große Bedeutung, daß vieles aus ihnen in das Corpus iuris canonici aufgenommen worden ist.

I. Constitutiones apostolicae, acht Bücher angeblicher Satzungen der Apostel; wahrscheinlich im 5. sc. aus zwei älteren Sammlungen, *Διδασκαλία τῶν ἀποστόλων* aus dem 3. sc. und *Διδαχὴ κυρίου διὰ τῶν ἀποστόλων τοῖς ἔθνεσιν* aus dem 2. sc. entstanden.

II. *Κανόνες τῶν ἀποστόλων*, eine Sammlung von 50, später 85 Nummern; durch das concilium trullanum 692 anerkannt, auch von der griechischen Kirche als echt angesehen; hingegen von der römischen Kirche verworfen. Später durch Dionysius in Geltung gebracht.

Aelteste Sammlungen im Abendlande: Versio Isidoriana oder Hispana, in Italien im Anfange des 5. sc. entstanden; fälschlich dem Isidor von Sevilla zugeschrieben; — Prisca translatio oder Itala, aus dem 5. sc.

III. Sammlung des Dionysius Exiguus, welcher Ende des 5. sc. in Rom im Auftrage des Bischofs Stephanus von Salona in Dalmatien eine Zusammenstellung griechischer Konzilienschlüsse verfaßte; hierin sind die 50 canones apostolorum und die Schlüsse der Synoden von Chalcedon, Sardica, Karthago enthalten. Im Anfange des 6. sc. sammelt Dionysius päpstliche Dekretalen des 5. sc.

1. Beide Sammlungen, verbunden und vermehrt, erlangen im Abendlande grosse Bedeutung.

2. Eine Ausgabe hiervon schenkt Papst Hadrian I. 774 dem Kaiser Karl, Codex Hadrianeus oder collectio Dionysio-Hadrianea; auf dem Reichstage zu Aachen 802 als codex canonum verkündigt.

3. Quesnelsche Sammlung von afrikanischen und griechischen Konzilienschlüssen nebst Dekretalen einzelner Päpste; von Paschasius Quesnellus, dem ersten Herausgeber 1675, irrtümlich als offizieller Kodex angesehen.

4. Spanische Sammlungen sind die capitula Martini des Bischofs Martin von Braga und die Hispana oder Isidoriana.

IV. Pseudoisidorische Sammlung ist eine Umarbeitung der Hispana im 9. sc. im Frankenreiche. Angeblicher Verfasser ist der heilige Isidor von Sevilla (um 600).

1. Die Person des Fälschers ist nicht mit Sicherheit ermittelt; genannt werden der Mainzer Diakon Benedikt (Benedictus Levita), Bischof Ebo von Reims, Erzbischof Otgar von Mainz, Wulfad von Reims, Rothad von Soissons. — Jedenfalls ist die Fälschung im westlichen Frankenreiche erfolgt.

Die Sammlung besteht aus einer Vorrede und drei Teilen.

1. fünfzig apostolische Canones und 59 gefälschte päpstliche Dekretalen;

2. erster Teil der Hispana;

3. zweiter Teil der Hispana und etwa hundert, meist gefälschte päpstliche Dekretalen.

Benutzt sind ausserdem zwei gefälschte Sammlungen: Kapitulariensammlung des Benediktus Levita und die Capitula Angilramni. — Die Vorrede ist nach Hinschius aus dem Werke des Marius Mercator abgeschrieben.

2. Zweck der Fälschung ist die Trennung der Kirche vom Staate und Selbständigmachung der Geistlichkeit von weltlichem Einflusse, insbesondere von der weltlichen Gerichtsbarkeit, ferner die Durchführung des Papalsystems.

3. Die Fälschung ist im 16. sc. von der katholischen Kirche entdeckt und sodann durch die Magdeburger Zenturiatoren (Bearbeiter der Kirchengeschichte nach Jahrhunderten) öffentlich gekennzeichnet worden.

V. Die wichtigsten späteren Sammlungen sind: Collectio Anselmo dedicata 883; de synodalibus causis et disciplinis ecclesiasticis vom Abte Regino von Prüm 906; collectarium des Burchard von Worms 1012 (19. Buch „corrector“ handelt von der Busse); collectio duodecim partium 1023; collectio Anselmi Luccensis im 11. sc.; decretum des Bischofs Ivo von Chartres im 12. sc.; Panormia desselben; collectio trium partium aus dem Anfange des 12. sc.; collectio Caesaraugustana; Polycarpus im Anfange des 12. sc.; de misericordia et iustitia des Algerus von Lüttich.

§ 6. **Das Corpus iuris canonici** besteht aus zwei Hauptteilen: dem Corpus iuris canonici clausum und dem Corpus iuris canonici non clausum.

Das C. i. c. führt diese Bezeichnung seit 1671. Die Teilung in ein clausum und non clausum wird auf ein linguistisches Missverständnis zurückgeführt; es hiess im Baseler Konzil: reservationibus papae in corpore iuris expresse clausis, päpstliche Vorrechte sind ausdrücklich ausgenommen.

Rezipiert für das Privatrecht ist nur das corpus clausum. — Für die Kirche ist gewohnheitsrechtlich auch das corpus non clausum rezipiert; jedoch ist zu beachten, dass die Kirche aus dem Decretum und den Extravagantensammlungen nur das als Recht gelten lässt, was wirkliches Gesetz (nicht private Meinungsäusserung) ist.

I. Das Corpus iuris canonici clausum hat vier Teile.

1. Decretum Gratiani. Der Kamaldulensermönch Magister Gratianus, aus dem Kloster St. Felix in Bologna, lehrt als erster das Kirchenrecht als selbständige Wissenschaft (getrennt von der Theologie). Da der Rechtsstoff zerstreut war, verfaßte er zwischen 1139 und 1142 für seine Schüler einen systematischen Grundriß, in dem er die Quellenstellen durch seine Lehren (dicta Gratiani) erläutert und berichtigt. Ursprünglicher Titel des Buches: Concordia discordantium canonum.

Die Teile des Decretum sind:

1. Pars I: 101 distinctiones über Rechtsquellen und Verfassungsrecht; in jeder distinctio sind canones. Zitiert wird: c 1 D 2 = canon 1 distinctio 2.

2. Pars II: 36 causae, Rechtsfälle des äusseren Kirchenrechtes; jede causa zerfällt in quaestiones (angeknüpfte Fragen), jede quaestio in canones (Antworten auf die Frage). Zitiert wird c 1 C 2 qu 1 = canon 1 causa 2 quaestio 1.

Die causa 33 quaestio 3 bildet einen eingeschobenen tractatus de poenitentia (Busse). Die quaestio lautet: an sola contritione (Zerknirschung) cordis crimen possit deleri (wieder gut gemacht werden)? Der Traktat zerfällt in 7 distinctiones, diese wieder in canones. Zitiert wird c 2 D 1 de poenit. = canon 2 distinctio 1 de poenitentia.

3. De consecratione, handelt in 5 distinctiones über Sakramente und Sakramentalien. Jede distinctio zerfällt in canones. Zitiert wird c 1 D 5 de consecr. = canon 1 distinctio 5 de consecratione.

Paleae heissen die 164 Quellenstellen, die später, insbesondere von Gratians Schüler Paucapalea, hinzugefügt sind. — In der Friedbergschen Ausgabe des Corpus iuris canonici bildet das Decretum den ersten Band, alles andere enthält der zweite Band.

2. Gregoriana oder Dekretalen Gregors IX.; sehr üblich ist die vulgäre Bezeichnung Liber Extra. Im Auftrage Gregors IX. verfaßt dessen Pönitenziar (Beichtvater), der Dominikaner Raymund von Pennaforte, aus bisherigen Sammlungen und den Dekretalen Gregors IX. eine neue Sammlung, die 1234 durch Uebersendung an die Universitäten Paris und Bologna publiziert wurde.

Die Bezeichnung liber extra decretum oder Extra wird abgekürzt X und so für Zitate verwendet; z. B. c 3 X de solut. 3, 23 = caput 3 Extra de solutionibus libro 3 titulo 23. — Einteilung in fünf Bücher: iúdex iúdicíum clerús connúbia crímen. Jedes Buch in Titel, jeder Titel in capita.

Die Fünfteilung ist auch in den späteren Teilen verwendet worden; sie bedeutet: 1. iudex Fähigkeit zum Richteramte; 2. iudicium Zivilprozess; 3. clerus Kirchenrecht; 4. sponsalia Eherecht; 5. crimen Strafrecht.

3. Liber sextus, weil ursprünglich als Ergänzung zur Gregoriana gedacht. Im Auftrage Bonifazius' VIII., von dem auch die Bulle Unam sanctam herrührt, wird von Erzbischof Wilhelm von Embrun, Bischof Berengar von Beziers, Vizekanzler Richard von Siena eine neue Dekretalensammlung aus den bisherigen nebst denen des Bonifazius zusammengestellt und 1298 durch Uebersendung an die Universitäten Paris und Bologna publiziert.

Einteilung wiederum in fünf Bücher. Zitiert wird z. B. c 3 VI° de suppl. neglig. 1,8 = caput 3 in sexto de supplenda negligentia libro 1 titulo 8.

4. Clementinae; sie enthalten nicht die früheren Dekretalen, sondern nur die Clemens' V. (gestorben 1313) und die Konzilschlüsse von Vienne.

Die ursprüngliche Benennung der Clementinae war liber septimus. Publikation durch Johannes XXII. 1317 durch Uebersendung an die Universitäten Paris und Bologna, da Clemens die Publikation zwar angeordnet, aber nicht erlebt hatte. Zitiert wird z. B. c 2 de celebr. miss. in Clem. 3, 14 = caput 2 de celebr. missarum in Clementinis libro 3 titulo 14.

Auch die Clementinae zerfallen in die üblichen 5 Bücher.

Die Clem. Saepe, clem. 2 de verb. signific., ist mittelbar die Quelle des modernen Zivilprozesses geworden.

II. Als Corpus iuris canonici non clausum wird die von Jean Chappuis, Lizentiaten der Rechte in Paris um 1500 veranstaltete Sammlung der übrigen Dekretalen bezeichnet.

1. Extravagantes Johannis XXII. enthalten zwanzig Konstitutionen Johannes' XXII., in 14 Titeln;

2. Extravagantes communes, die übrigen Dekretalen in der üblichen Fünfteilung, aber: liber quartus vacat.

Sie heißen deshalb communes, weil sie von verschiedenen Päpsten herrühren.

III. Das Corpus iuris canonici ist in Deutschland von den evangelischen Theologen nicht anerkannt worden, obwohl es (wenigstens privatrechtlich) rezipiert worden ist.

Aus dem kanonischen Rechte sind in das B aufgenommen worden: mala fides superveniens (Band 3 22) und die affinitas illegitima (Band 4 5)

Pius IV. hat 1566 eine Kommission für Textrevision eingesetzt, correctores Romani; ihre „römische Ausgabe" ist 1582 unter Gregor XIII. erschienen.

§ 7. Die besonderen katholischen Quellen. Nach katholischer Lehre enthält die Heilige Schrift, insbesondere das Neue Testament, nicht nur Religionsvorschriften, sondern auch eine große Anzahl von Rechtsregeln. Die Auslegung erfolgt durch den Papst und die Konzilien; zugrunde gelegt wird die Vulgata, eine vom Kirchenvater Hieronymus neu redigierte lateinische Uebersetzung; das Tridentinum hat diese Uebersetzung für authentisch erklärt.

I. Quelle des katholischen Kirchenrechtes ist die von Christus und den Aposteln stammende Tradition, deren Echtheit die neun doctores ecclesiae und der Papst feststellen.

1. Demnach wird unterschieden: ius divinum, von welchem der Papst nicht dispensieren kann, und ius humanum.

Manche sehen einen Ueberrest des ius divinum in der evangelischen Kirche darin, dass das Bischofsamt der englischen Hochkirche Sakramentsnatur habe.

2. Die Vigens Ecclesiae Disciplina, die kirchliche Praxis, äußert sich, wie folgt: Papa dissimulat, Papa ignorat, Papa reprobat.

Das hängt davon ab, welche Macht die Kirche im Staate und ev. gegenüber dem Staate beanspruchen kann. Je nach der Stellung des Staates zur Kirche unterscheidet man:

1. ecclesia recepta mit öffentlichem Gottesdienste;
2. ecclesia tolerata mit gestattetem privaten Gottesdienste;
3. ecclesia reprobata, vom Staate verboten.

tholische Kirche erkennt den Papst als Gesetzgeber an;
12. sc. steht seine kirchliche Gesetzgebung in Sachen des
s Glaubens über den Konzilien.
pstlichen Erlasse sind:

a) Constitutiones: allgemeine Anordnungen für die Kirche oder einzelne Gebiete.

b) Rescripta: Antworten in Einzelfällen, z. B. rescripta gratiae und rescripta iustitiae.

2. Eine andere Einteilung unterscheidet Bullen und Breven.

a) Bullae werden durch die Kanzlei des Papstes in feierlicher Form expediert; sie sind in lateinischer Sprache auf starkem Pergamente ohne Interpunktion in altgotischer Schrift abgefaßt. Das daran hängende Siegel zeigt auf der Vorderseite das Bild der Apostel Petrus und Paulus, auf der Rückseite das Bild des Papstes. Die Bullen sind offen und ohne Adresse; sie werden vom Papste nicht unterschrieben.

Semibullen sind Bullen, deren Siegel auf der Rückseite das Bild des Papstes nicht zeigt; dies ist der Fall, wenn der Papst vor der Krönung Bullen erlässt.

In Justizsachen wird eine hänfene, in Gnadensachen eine (rote oder gelbe) seidene Schnur verwendet.

Bullarien sind alphabetarische Verzeichnisse der Bullen.

b) Brevia werden durch das Sekretariat der Breven expediert; sie sind in lateinischer oder italienischer Sprache, in moderner Schrift mit Adresse abgefaßt und vom Kardinalstaatssekretär unterzeichnet.

Literae apostolicae simplices werden im Namen des Papstes von der zuständigen Behörde expediert und lateinisch adressiert; sie werden ohne Siegel erlassen.

Chirographa heissen solche Erlasse, welche vom Papste eigenhändig unterschrieben sind; nach moderner Terminologie heissen sie auch Breven.

Encyclicae heissen diejenigen Erlasse, die an die Adresse aller Kirchenoberen oder an eine Mehrheit von ihnen gerichtet sind; sie geben nicht selten Anweisungen für politische und andere Zeitfragen, greifen demnach oft in die Zuständigkeit der Staaten ein.

Motuproprio heisst ein Erlass aus freier Initiative, nicht in Briefform

3. Das Partikularkirchenrecht ist aus der Gesetzgebungsgewalt eines lokalen Oberen hervorgegangen; Statuten dieser Art dürfen das gemeine Kirchenrecht nicht abändern.

a) Zuständig für den Erlaß partikularer Statuten sind die Bischöfe für ihre Diözese; man unterscheidet Diözesanstatuten (unter Mitwirkung des Domkapitels) und Synodalstatuten (unter Beratung mit dem Klerus).

Ein Hirtenbrief enthält nicht eine Verordnung, sondern Belehrung oder Ermahnung.

b) Apostolische Vikare können für ihr Missionsgebiet, Armeebischöfe für das Militär, praelati nullius für ihre Kirchen oder für ihr Gebiet, Kapitel an Kathedralen und von Männerorden für ihre Rechtsverhältnisse Anordnungen erlassen.

III. Synoden sind Versammlungen der Bischöfe zur Beratung kirchlicher Angelegenheiten; sie werden gewöhnlich in der Provinzialhauptstadt oder in einer anderen großen Stadt abgehalten.

Nach der Anerkennung der christlichen Kirche durch Konstantin wird den Synodalschlüssen bindende Kraft für das ganze Staatsgebiet erteilt.

1. Die Synoden haben eine große Bedeutung für die Rechtsbildung; die Beschlüsse der Synode heißen canones.

2. Zu unterscheiden sind ökumenische Synoden, welche von der ge=

samten Welt beschickt werden, und Partikularsynoden. Verbindend sind im allgemeinen nur ökumenische Synodalbeschlüsse.

Oekumenische Synoden sind: Nicaea I 325; Konstantinopel I 381; Ephesus 431; Chalcedon 451; Konstantinopel II 553; Konstantinopel III 680; Nicaea II 787; Konstantinopel IV 869.

Partikularsynoden sind insbesondere: Ancyra 314; Antiochia 341; Sardica 343 oder 344; Gangra um 365; Laodicea zwischen 343 und 381.

3. Von den Konzilien sind zu nennen: Die ersten vier Laterankonzile 1123, 1139, 1179, 1215; Lyon I und II 1245 und 1274; Vienne 1311; Pisa 1409; Konstanz 1414 bis 1418; Basel 1431 bis 1443 (in Florenz seit 1439); fünftes Laterankonzil 1512 bis 1517; Trient 1545 bis 1563; vatikanisches Konzil 1869 bis 1870. Insgesamt 22 ökumenische Konzilien.

a) Hauptgegenstand der Konzilien war der Kampf um die Stellung des Papstes. Das Papalsystem erkennt die unbeschränkte Herrschaft des Papstes über die Christenheit an, insbesondere auch über die Bischöfe und die Synoden. Dagegen lehrt das Episkopalsystem: Christus habe die Schlüsselgewalt nicht Petrus allein, sondern der Gesamtheit der Apostel übertragen; das Konzil stehe also über dem Papste.

Eine Schwächung des päpstlichen Einflusses trat infolge der babylonischen Gefangenschaft der Kirche ein, Avignon 1305 - 1378; — gestärkt wurde er indessen namentlich durch das Tridentinum, auf dem das Papalsystem anerkannt wurde.

Für das Episkopalsystem tritt ein: Justinus Febronius (Johann Nikolaus von Hontheim, geb. 27. Januar 1701, seit 1748 Weihbischof in Trier, gest. 2. September 1790) de statu ecclesiae 1763, fortgesetzt (4 Bände) 1770—1774. Hontheim musste 1778 widerrufen.

b) Reformkonzilien heißen diejenigen Konzilien, welche sich mit der Verbesserung der Einrichtungen der Kirche an Haupt und Gliedern befassen.

Konstanzer Konzil 1414 bis 1418 hat drei Aufgaben: causa fidei (gegen Irrlehre), causa unionis (gegen Schisma), causa reformationis (Verbesserung der Kirche an Haupt und Gliedern).

Baseler Konzil 1431 bis 1444: Konzil steht über dem Papste, Reformen. — Zur Ausführung dieser Reformen in Frankreich: pragmatische Sanktion von Bourges vom 7. Juli 1438; in Deutschland: Mainzer Akzeptationsurkunde vom 26. März 1439. — In Frankreich ist die pragmatische Sanktion von Bourges wegen des Konkordates 1516 ausser Kraft getreten, daher auf Veranlassung Ludwigs XIV. unter Redaktion von Bossuet die declaratio cleri gallicani (gallikanische Artikel) vom 19. März 1682, hierin wird die Freiheit der Kirche vom Papste, Unterwerfung des Papstes unter die Konzilien ausgesprochen.

Trienter Konzil 1545 bis 1563 in 25 sessiones generales, teils Glaubenssätze, teils Reformen. Alle Schlüsse von Pius IV. durch die Bulle Benedictus deus vom 26. Januar 1564 bestätigt und publiziert. Durch diese Bulle wird bei Strafe der Exkommunikation verboten, die canones et decreta concilii Tridentini zu kommentieren und zu glossieren; hierzu soll allein die congregatio concilii berechtigt sein.

Das Vatikanische Konzil 1869 bis 1870; die constitutio Pastor aeternus vom 18. Juni 1870 de ecclesia Christi enthält vier Kapitel: das erste Kapitel handelt vom Primate des Petrus, das zweite von der Nachfolge der römischen Bischöfe in diesem Primate, das dritte de vi et ratione primatus romani pontificis (Universalepiskopat des Papstes), das vierte de romani pontificis infallibilitate: wenn der Papst als Hirte und Lehrer aller Christen ex cathedra über Glauben oder Sitten, de fide vel moribus, etwas für die ganze Kirche festsetzt, so ist dieser Ausspruch unfehlbar.

§ 8. **Die evangelischen Quellen** des Kirchenrechtes sind ausschließlich Gesetze. Die Symbole werden nicht als Rechtsbücher, sondern als Bekenntnisschriften angesehen; sie enthalten jedoch Grundlagen für die Verfassung und Verwaltung der Kirche.

I. Lutherische Kirchenrechtsquellen sind:

1. die Confessio Augustana, Augsburger Konfession, verfaßt von Melanchthon, 1530 auf dem Reichstage zu Augsburg übergeben.

2. die Apologia confessionis, von Melanchthon 1531 verfaßt; sie widerlegte die katholische refutatio.

3. Articuli Smalcaldici, schmalkaldische Artikel, von Luther 1537 entworfen, mit einem Anhange Melanchthons: de potestate et primatu papae.

Der Catechismus maior et minor, verfasst von Luther 1528 und 1529. Die Formula Concordiae 1580 ist nicht überall rezipiert.

II. Die reformierte Kirche hat in Deutschland folgende Bekenntnisschriften:

1. den Catechismus religionis Christianae, quae in ecclesiis et scholis electoralis Palatinatus traditur, Heidelberger Katechismus 1562,

2. die Confessio Marchia vom Kurfürsten Johann Sigismund von Brandenburg 1614,

3. die Dortrechter Beschlüsse für die Rheinpfalz, Ostfriesland, Bentheim, Lingen von 1619,

4. die Confessio Gallicana für die von den französischen Flüchtlingen gegründeten reformierten Gemeinden 1559.

III. Die Gesetzgebung übt der Landesherr kraft seines Kirchenregimentes aus, aber unter Mitwirkung eines geistlichen Beirates. Nach einzelnen Kirchenverfassungen ist die Genehmigung der Synode erforderlich.

In Altpreussen wirkt die Generalsynode bei der Gesetzgebung mit; sie hat auch ein Vorschlagsrecht. Vor der Vollziehung der Gesetze hat das Staatsministerium sich zu erklären, ob dagegen von Staats wegen etwas einzuwenden sei.

Die Gegenzeichnung des Präsidenten des evangelischen Oberkirchenrates bei der Publikation von Kirchengesetzen in Preussen geschieht nur in fidem; sie ist nicht wesentlich.

---

3. Kapitel.

Das Staatskirchenrecht.

§ 9. **Das Staatskirchenrecht** regelt die Beziehungen zwischen Staat und Kirche und umfaßt die Gesamtheit der auf diese Beziehungen sich erstreckenden Normen. Das Staatskirchenrecht gehört dem Staatsrechte an, wird aber auch in kirchenrechtlichen Quellen behandelt.

Von besonderer Bedeutung sind:

1. Die Vorschriften über die Zulassung von Religionsgesellschaften, ius reformandi; vgl. w. u. S. 13,

2. die Bestimmungen über die äußere Erscheinung des Kultus,
3. die Aufsicht über die Kirchenverwaltung,
4. die Bestimmungen über die Anstellung und Besoldung der Geistlichen, ev. mit Unterstützung seitens des Staates.

In völkerrechtlicher Beziehung bedient sich der Papst, ohne Souverän zu sein, besonderer Vertreter; vgl. w. u. S. 22.

§ 10. **Staat und Kirche** haben oft miteinander um die Oberherrschaft und Anerkennung gekämpft.

I. Im römischen Reiche sind die Christen ursprünglich als Judenchristen geduldet, demnächst als collegium illicitum und Feinde des Staates verfolgt worden. Seit dem Mailänder Toleranzedikt von 313 sind die Christen staatlich anerkannt, und seit Konstantin ist das Christentum Staatsreligion geworden (324 bzw. seit dem Tode des Julianus Apostata 364).

Konstantinsschlacht an dem Ponte Molle am 27. Oktober 312: Konstantin besiegt (In hoc signo vinces, abgekürzt: IHS) seinen Gegner Maxentius, den Sohn Maximians, der von den Prätorianern zum Kaiser erhoben war. Maxentius ertrank im Tiber.

Ponte Molle ist eine Brücke bei Rom, genannt nach dem Prätor Mulvius 106 n. Chr.

Der christliche römische Staat duldete andere Bekenntnisse nicht und verfolgte daher die Juden und Heiden.

II. Im fränkischen Reiche werden namentlich durch Bonifazius (Winfried) Beziehungen zwischen den Karolingern und dem Papste hergestellt.

Pippin lässt sich 754 von Stephan II. zum Könige krönen. Karl der Grosse wird Weihnachten 800 von Leo III. zum Kaiser gekrönt.

Seit Otto I. 962 besteht ein Anspruch des deutschen Königs auf die römische Kaiserwürde. Letzter römischer Kaiser war Karl V., am 25. Februar 1530 in Bologna gekrönt.

III. Der Hebung des Ansehens der Päpste gegenüber der weltlichen Gewalt diente die Zweischwerterlehre.

1. Nach Ev. Luk. 22, 38 bestehen zwei Schwerter; die Auslegung bezeichnet das eine als für die weltliche Gewalt (brachium saeculare), das andere für die geistliche Gewalt bestimmt.

2. Im Ssp Kap. 1 wird dem Papste das geistliche Schwert und das officium strepae, Steigbügelrecht, zuerkannt, dem Kaiser gebühre das weltliche Schwert.

3. In der Vorrede des Swsp werden, entsprechend der Lehre des Bernhard von Clairvaux (bis 1153), dem Papste beide Schwerter zugesprochen. Der Papst leihe dem Kaiser das weltliche Schwert, und der Kaiser dürfe es nur pro ecclesia, ad nutum et potentiam sacerdotis führen.

Ebenso die Bulle Unam sanctam 1302 Bonifaz' VIII. gegen Philipp den Schönen von Frankreich; ferner Jakob von Viterbo. — Auch Thomas von Aquino, gest. 1274, hat diesen Standpunkt eingenommen.

Gegen die päpstliche Auffassung der Zweischwerterlehre wenden sich Wilhelm von Occam und Marsilius von Padua; vgl. Band 29 § 11.

IV. Seit der endgültigen Herrschaft des Papalsystems (w. o. S. 8) ist die Herrschaft des Papstes über die weltliche Gewalt von der katholischen Kirche anerkannt worden. Mit der Vernichtung des Kirchenstaates hat jedoch dieser Satz seine praktische Wirksamkeit verloren.

Von besonderer Bedeutung ist, dass die katholische Kirche in katholisch regierten Staaten weit zurückhaltender in ihren Ansprüchen ist und geringere politische Erfolge erzielt als in evangelischen Staaten. Auch lässt sich in letzteren nicht selten eine Bevorzugung der katholischen vor der evangelischen Kirche beobachten.

§ 11. Die Konkordate sind Vereinbarungen eines Staates mit dem Papste über gemeinsame Angelegenheiten.

1. Die Konkordate werden entweder durch einen kirchlichen und einen staatlichen Erlaß oder in einer gemeinsamen Urkunde gegeben.

2. Die rechtliche Natur der Konkordate ist zweifelhaft.

a) Privilegientheorie, in älterer Zeit vertreten von der Kirche (Bulle Unam sanctam): die Kirche ist domina, der Staat ist ancilla; die Kirche hat die weltliche Gewalt einzusetzen und ist Richter über den Staaten. Deshalb wird die Kirche auf Grund ihres göttlichen Oberhoheitsrechtes durch Konkordate nicht gebunden; die Konkordate sind daher von der Kirche erteilte widerrufliche Gnaden, an die der Staat durch seine Zusage gebunden ist. — Eine solche societas leonina erkennt niemand mehr an.

Die Bischöfe sind sogar verpflichtet, wenn in ihrer Diözese Schwierigkeiten bei der Durchführung von päpstlichen Erlassen hervortreten, an die Kurie mit geeigneten Anregungen heranzutreten (Remonstrationspflicht). So wurde die päpstliche Enzyklika vom 27. Mai 1832 an die bayerischen Bischöfe in Sachen der gemischten Ehe infolge der Remonstration gemildert, und zwar durch die Instructio Bernetti 1834.

b) Legaltheorie, vertreten von Hinschius, Sohm, Zorn: die Kirche steht nicht über, sondern innerhalb des Staates; dies gilt auch für Religionsgesellschaften, deren Vorstand ein Ausländer ist. Die Konkordate werden durch staatliche Publikation Gesetze, die Staatsgewalt kann sie jederzeit abändern oder aufheben.

c) Vertragstheorie, vertreten von Heffter, Schulte, Friedberg: Staat und Kirche sind gleichberechtigt; die Konkordate sind beide Teile bindende völkerrechtliche Verträge infolge der spirituellen Souveränität des Papstes; — nach Bluntschli, Geffcken, Martens sind die Konkordate eine besondere Klasse öffentlicher Verträge neben den Staats- und völkerrechtlichen Verträgen.

Wormser Konkordat 1122 zwischen Heinrich V. und Calixt II. über den Investiturstreit.

Konstanzer Konkordat 1418 zwischen der Natio Germanica (deutsche Prälaten) und Martin V. über kirchliche Angelegenheiten.

Concordata Nationis Germanicae: nämlich die Fürstenkonkordate 1447 zwischen den deutschen Reichsständen und Eugen IV. über Anerkennung der Baseler Reformen und Wiener Konkordat 1448 zwischen Friedrich III. und Nikolaus V. wegen der Wiederherstellung päpstlicher Reservate.

Bayerisches Konkordat zwischen Max Joseph I. und Pius VII. vom 5. Juni 1817 über die Diözeseneinteilung.

Württembergisches Konkordat zwischen Wilhelm I. und Pius IX. vom 8. April 1857; ersetzt durch Staatsgesetz vom 30. Januar 1862 über die Regelung des Verhältnisses der Staatsgewalt zur katholischen Kirche.

Badisches Konkordat zwischen Friedrich und Pius IX. vom 28. Juni

1859; ersetzt durch Staatsgesetz vom 9. Oktober 1860 über die rechtliche Stellung der Kirchen und kirchlichen Vereine im Staate.

Französisches Konkordat vom 15. Juli 1801 zwischen Napoleon und Pius VII., noch heute in Elsass-Lothringen als Staatsgesetz geltend; ergänzt durch die articles organiques vom 8. April 1802 gegen Ausschreitungen der Kirchengewalt. — In Frankreich gilt dieses Konkordat nicht mehr; seit dem Trennungsgesetze vom 9. Dezember 1905 ist die Trennung von Staat und Kirche vollständig durchgeführt, das Kirchenvermögen liquidiert und die Kirche in eine Summe von Kultgemeinden umgesetzt worden. Der Papst hat in der Enzyklika Vehementer vom 11. Februar 1906 hiergegen Stellung genommen. — Ergänzungsgesetz vom 2. Januar 1907.

In Oesterreich herrschte seit Josef II. der nach ihm genannte Josefinismus, welcher die Kirche als eine dem Staatszwecke dienende Anstalt, die Religion als Erziehungsmittel ansieht. — Oesterreichisches Konkordat zwischen Franz Joseph I. und Pius IX. vom 18. August 1855; infolge des vatikanischen Konzils durch Staatsgesetz vom 7. Mai 1874 aufgehoben, zugleich staatliche Neuordnung der äusseren Rechtsverhältnisse der katholischen Kirche.

§ 12. **Die Zirkumskriptionsbullen** sind einseitige, päpstliche Verordnungen zur Neuabgrenzung (circumscribere) der Diözesen. In Deutschland sind sie infolge des RDHS und der Säkularisationen zur Organisation und Ausstattung der neuen Bistümer erforderlich geworden. Die Zirkumskriptionsbullen haben durch einen staatlichen Akt gesetzliche Wirkung erlangt.

1. Für Bayern: Dei ac domini nostri vom 1. April 1818.

2. Für Preußen (alte Lande): De salute animarum vom 16. Juli 1821, durch Niebuhr mit dem Papste vereinbart; sanktioniert durch Kabinettsorder vom 23. August 1821. Zur Bulle gehört das an die preußischen Domkapitel gerichtete Breve Quod de fidelium vom 16. Juli 1821.

3. Für Hannover: Impensa Romanorum vom 26. März 1824.

4. Für die oberrheinische Kirchenprovinz (Baden, Württemberg, beide Hessen, Nassau, Hohenzollern, Frankfurt a. Main) sind zwei Bullen ergangen: Provida sollersque vom 16. August 1821 und Ad dominici gregis custodiam vom 11. April 1827; hierzu das an das Domkapitel zu Freiburg gerichtete Explikativbreve Re sacra vom 28. Mai 1827.

Die Zirkumskriptionsbullen haben eine sehr grosse Bedeutung für die Bischofswahl in Preussen; vgl. w. u. S. 24.

§ 13. **Der Mißbrauch der Kirchengewalt** ist der Anlaß für die Entstehung zweier staatskirchenrechtlicher Institute geworden.

1. Das Placet, d. h. das Erfordernis landesherrlicher Genehmigung für katholische Kirchengesetze.

Es besteht noch in Bayern, ist aber in Preussen beseitigt. — Auch in Bayern ist der Versuch gemacht worden, das Placet abzuschütteln, so in dem bischöflichen Memorandum vom 14. Juni 1888.

2. Der Recursus ab abusu oder Appel comme d'abus gegen den Mißbrauch der Kirchengewalt, bestand früher in Frankreich. Er war ein Rechtsmittel gegen die Entscheidungen der kirchlichen Gerichte und ging an die Parlamente (Gerichtshöfe). Er ist beseitigt worden.

§ 14. **Die evangelische Dreiständelehre** ist nach der Befestigung der Kirchenverfassung im 16. sc. die Grundlage verschiedener Systeme geworden.

I. Die drei Stände sind: der status politicus (Wehrstand) für die äußere Leitung, der status ecclesiasticus (Lehrstand) für die Lehre, der status oeconomicus (Nährstand) für die Familienseelsorge.

II. Je nach dem Vorherrschen eines Standes besteht eines der drei folgenden Systeme.

1. Das Episkopalsystem lehrt, der Landesherr habe durch Devolution die Kirchengewalt der Bischöfe seit dem Augsburger Religionsfrieden 1555 erhalten; er dürfe sie aber nur nach dem Urteile des Lehrstandes ausüben. Beim Lehrstande liege der Schwerpunkt, der dritte Stand habe nur das Recht des Zustimmens und des Gehorchens.

Begründer des Episkopalsystems sind Stephanus und Reinkingk; es wird auch von den beiden Carpzow vertreten.

2. Nach dem Territorialsystem hat der Landesherr auf Grund seines Majestätsrechtes die Kirchengewalt als einen Teil der Staatsgewalt; seine Aufgabe ist Schutz der Kirche gegen äußere Störung, nicht aber Sorge für die Reinheit der Lehre. Die Kirche gilt nicht als selbständiger Organismus.

Das Territorialsystem wird von Grotius, Conring, Thomasius, Boehmer gelehrt.

Cäsareopapie ist eine Verbindung von Staat und Kirche, bei welcher der Herrscher zugleich Träger der höchsten Kirchengewalt ist.

3. Das Kollegialsystem sieht die Kirche als eine freie Gesellschaft von Lehrern und Lernenden an; daher hat der Landesherr über die Kirche kein anderes Recht wie über andere freie Gesellschaften.

Anhänger des Kollegialsystems sind Pufendorf und Pfaff.

Nach dem Kollegialsysteme müssen die iura circa sacra und die iura in sacra voneinander geschieden werden.

a) Die iura circa sacra enthalten das ius reformandi, das ius supremae inspectionis (Oberaufsicht) und das ius advocatiae seu cavendi (Schutz der Kirche). Diese Rechte gebühren dem Landesherrn.

b) Die iura in sacra umfassen die Befugnisse der eigentlichen Kirchengewalt in Sachen der Lehre, des Gottesdienstes und der Disziplin; diese Rechte stehen der Kirchengesellschaft zu; ihre Uebertragung an den Landesherrn ist jedoch nicht ausgeschlossen.

§ 15. **Staatliche Gesetze in Kirchensachen** sind in den Zeiten des Kampfes zwischen Staat und Kirche nicht selten.

I. Aus dem alten Deutschen Reiche.

1521 Wormser Edikt: Luther und seine Anhänger werden mit der Reichsacht belegt.

1527 Speierer Reichsabschied: den Reichsständen wird das ius reformandi provisorisch verliehen.

1532 Nürnberger Vergleich. 1552 Passauer Vertrag. 1555 Augsburger Religionsfriede: jeder Reichsstand darf seinen Glauben frei wählen; Einschränkung durch das reservatum ecclesiasticum: geistliche Reichsstände verlieren durch den Uebertritt zum evangelischen Glauben Amt und Land.

Auf Grund des ius reformandi folgen die Untertanen der Religion des Landesherrn: cuius regio, eius religio; falls sie dies nicht wollen, haben sie das Recht auszuwandern, eventuell kann der Landesherr sie hierzu zwingen.

1648 Westfälischer Friede: der Grundsatz der Toleranz wird zum ersten Male durch dieses Reichsgrundgesetz anerkannt. Die katholische und die evangelische Religion sind gleichberechtigt; andere Religionen werden nicht geduldet. Die Lutheraner und die Reformierten werden als Augsburgische Konfessionsverwandte zusammengefaßt.

1. In Religionssachen wird im Reichstage durch itio in partes ein Corpus Evangelicorum und ein Corpus Catholicorum gebildet; zwischen beiden ist keine Majorisierung, sondern nur eine amicabilis compositio möglich.

2. Auch den Protestanten wird das reservatum ecclesiasticum zuerkannt.

3. Die Reichsstände behalten das ius reformandi, aber mit Einschränkungen.

4. Normaltag für die Feststellung des Besitzstandes beider Religionen ist der 1. Januar 1624, d. h. die Mitte zwischen 1618 und 1630, wo die Katholen bzw. die Evangelen den günstigsten Besitzstand hatten (annus decretorius).

1707 Ende August, Altranstädter Konvention zwischen Karl XII. von Schweden und Kaiser Josef I.: Die Evangelen Schlesiens erhalten einen Teil der ihnen genommenen Kirchen wieder zurück.

1803 Reichsdeputationshauptschluß: alle reichsunmittelbaren Kirchengüter werden säkularisiert; der Landesherr kann das mittelbare Kirchengut einziehen, muß aber die Domkirchen weiterhin dotieren.

II. Gesetze des Deutschen Reiches:

1869, 3. Juli: Gleichberechtigung der Konfessionen.

1872, 4. Juli: Jesuitengesetz; § 2 wird durch Gesetz vom 8. März 1904 beseitigt.

Die Zuständigkeit des Reiches beruht auf R 4, Nr. 16 (Vereinswesen).

1874, 4. Mai: Expatriierungsgesetz.

1875, 6. Februar: Personenstandsgesetz.

III. Preußische Gesetze aus der Zeit des Kulturkampfes.

1. Organische Gesetze.

1872, 11. März: Schulaufsichtsgesetz.

1873, 11. Mai: Anstellungsgesetz.

1873, 12. Mai: Disziplinargesetz.

1873, 13. Mai: Zuchtmittelgesetz.

1873, 14. Mai: Austrittsgesetz.

Das Gesetz gilt allgemein für alle Religionen. Nach dem Gesetze von 1876 können Juden aus der örtlichen Synagogengemeinde wegen religiöser Bedenken ausscheiden, ohne die Zugehörigkeit zur jüdischen Religionsgemeinschaft zu verlieren.

1875, 20. Juni: Vermögensverwaltungsgesetz.

1875, 3. Juli: Altkatholikengesetz.

1876, 7. Juni: Vermögensaufsichtsgesetz.

2. Kampfgesetze.

1874, 20. Mai: Bistumsverwaltungsgesetz.

1875, 22. April: Sperr- oder Brotkorbgesetz.

Die Leistungen aus staatlichen Mitteln werden bis zu dem Tage eingestellt, an dem sich die Bischöfe schriftlich zum Gehorsam gegenüber den Staatsgesetzen verpflichten. Diese Temporaliensperre trifft jedoch nicht die aus anderen (als staatlichen) Quellen fliessenden Mittel.

1875, 31. Mai: Klostergesetz.

1873, 6. Dezember: Eidesverordnung über den Treueid der Bischöfe.

---

4. Kapitel.

Die Verfassung der katholischen Kirche.

§ 16. Kirche und Kirchengewalt sind nach katholischer Lehre von Christus eingesetzt.

I. **Die Kirche** ist eine Stiftung durch Christus zum Heile der Menschheit und umfaßt unter der Leitung des Papstes alle durch Glaubensbekenntnis und Gemeinschaft der Sakramente verbundenen Personen.

Die Kirche ist visibilis una sancta catholica apostolica quae errare non potest.

II. Die Kirchengewalt äußert sich in zwei Funktionen:

1. Als potestas ordinis, d. h. als Kirchengewalt in bezug auf die Verwaltung der Sakramente und in bezug auf das Lehramt.

Die Gewalt in bezug auf das Lehramt bildete früher eine besondere potestas magisterii.

2. Als potestas iurisdictionis, d. h. als Kirchenregiment oder Regierung.

III. Hierarchie ist die Stufenleiter der Inhaber einer potestas.

Ist ein Kirchenbeamter aus der Reihe der Unterordnung herausgenommen, z. B. nicht dem Erzbischof, sondern direkt dem Papste unterstellt (exempte Bischöfe w. u. Seite 23, praelati nullius), so ist er exempt.

1. Die hierarchia ordinis hat acht Stufen:

a) die niederen Weihen (Ministranten), nämlich: 1. ostiarius, Pförtner; 2. lector, Leser der Schrift; 3. exorcista, Teufelsbanner; 4. acoluthus, Altardiener;

b) die höheren Weihen: 5. Subdiakon; 6. Diakon; 7. Presbyter; 8. Bischof.

2. Die potestas iurisdictionis steht dem Papste, unter ihm den Bischöfen zu.

IV. Die Besetzung der Kirchenämter, provisio, kann sein:

1. provisio ordinaria, regelmäßige Besetzung.

Bei der Provision sind folgende Stadien zu unterscheiden:

1. designatio ist die Auswahl einer geeigneten Person und gewährt ein ius ad rem.

2. institutio collativa ist die eigentliche Uebertragung des Amtes; sie gibt ein ius in re.

3. institutio corporalis oder investitura gewährt den Besitz des Amtes.

2. provisio extraordinaria, außerordentliche Aemterbesetzung.

Die ausserordentliche Provision ist nur in zwei Fällen möglich:

1. im Falle der Devolution an den nächsthöheren Kirchenoberen, wenn der Berechtigte nicht innerhalb der vorgeschriebenen Frist das Besetzungsrecht ausübt,

2. bei päpstlichem Vorbehalte.

§ 17. **Die Voraussetzungen der Ordination** sind Nichtvorhandensein von Unfähigkeitsgründen, Vorhandensein eines Titels, Zuständigkeit des Weihenden.

I. Die Ordination setzt capacitas und regularitas voraus.

1. Unfähig sind Ungetaufte und Weiber; die incapacitas macht die Weihe ungültig, invalida.

2. Ein getaufter christlicher Mann ist nur dann zur Weihe geeignet, wenn gewisse Eigenschaften vorhanden sind. Fehlen diese, dann liegt irregularitas vor; die Weihe ist zwar gültig, aber unerlaubt und strafbar. Die Irregularitätsgründe entstehen entweder ex defectu oder ex delicto.

a) Ex defectu können folgende Tatbestände vorliegen: defectus natalium (uneheliche Geburt); def. aetatis (niedere Weihen mit 7, Presbyter mit 24, Bischof mit 30 Jahren); def. corporis (Taubheit, Epilepsie, Mißgestalt; bei Blindheit kommt es darauf an: oculus canonicus); def. scientiae; def. fidei (z. B. Neophyten, deren Glaube noch nicht erprobt ist); def. famae (z. B. Teilnahme am Duell); def. libertatis (Bindung durch andere Pflichten, z. B. Vermögensverwalter); def. sacramenti (Bigamie); def. perfectae lenitatis (Mangel der Herzensmilde, bei allen, die den Tod eines Menschen herbeigeführt haben, z. B. Richter, Geschworene, Soldaten); def. animi (Geisteskrankheit).

b) Ex delicto: regelmäßig bei öffentlich bekannten oder gerichtlich erwiesenen Delikten, die zugleich den Ruf schädigen; ferner bei einzelnen schweren Verbrechen, z. B. Mord, Ketzerei, auch wenn sie geheim bleiben.

Die Bigamie kann ein Irregularitätsgrund ex defectu oder ex delicto sein; ex defectu sind 1. bigamia successiva, mehrere Heiraten nacheinander, und 2. bigamia interpretativa, Heirat einer Deflorierten oder einer Witwe; ex delicto sind 1. bigamia similitudinaria, Verstoss gegen den Zölibat, und 2. bigamia criminalis, Doppelehe (Bigamie im strafrechtlichen Sinne).

II. Titel ist der zu jeder Ordination bei den höheren Weihen vorgeschriebene Nachweis standesmäßigen Unterhaltes.

Titulus beneficii: ruhiger Besitz einer Pfründe; titulus patrimonii vel pensionis: Einkünfte aus Vermögen; titulus mensae: Tischtitel (seit dem 16. sc. besonders der titulus principis, landesherrlicher Tischtitel); titulus paupertatis sive professionis sive missionis: Orden, Mission.

III. Zuständig für die Ordination ist der Papst und der Bischof; und zwar:

1. der Papst: für alle Weihen, allerorten;

2. der Bischof darf nur in seiner Diözese die seiner Jurisdiktion unterworfenen Personen weihen.

Die Zuständigkeit des Bischofs wird begründet: ratione originis durch den Wohnsitz des Vaters zur Zeit der Geburt des Kandidaten; ratione domicilii durch den Wohnsitz des Kandidaten; ratione familiaritatis sive commensalitii durch ein dreijähriges Dienstverhältnis des zu Ordinierenden beim Bischofe, der ihm binnen einem Monate nach Ordination ein beneficium geben muss; ratione beneficii, wenn der Kandidat schon vorher eine Pfründe hat.

Ein an sich unzuständiger Bischof wird durch literae dimissoriales des zuständigen Bischofs kompetent.

3. Der Priester ist mit Genehmigung des Papstes für die Erteilung der niederen Weihen zuständig.

§ 18. **Die Ordination** wird durch die Erteilung der Tonsur (Zeichen der Lossagung von weltlichem Streben) und durch die Skrutinien (Prüfung der Befähigung) vorbereitet.

Für die Vorbildung der Kleriker bestehen Priesterseminare (Konvikte) und katholisch-theologische Fakultäten. Der Bischof schreibt den Gang der Ausbildung genau vor und untersagt Vorlesungen, die ihm nicht genehm sind.

Katholisch-theologische Fakultäten bestehen in Breslau, Bonn, Freiburg i. Br., München, Münster, Strassburg i. Els., Würzburg. In Bayern behauptet der Bischof ein Aufsichtsrecht über die Fakultäten zu haben; in Preussen wird es seit dem Vatikanum nicht mehr anerkannt.

I. Es gibt zwei Arten der Tonsur: tonsura Petri in der Mitte des Kopfes (römisch); tonsura Pauli, nur ein Haarbüschel bleibt stehen (griechisch).

Bei der tonsura Simonis magi wird das Vorderhaar bis zu den Ohren geschoren; sie ist in Irland von einem Schweinehirten des Königs Loagir erfunden worden, in der katholischen Kirche aber nie üblich gewesen.

II. Die Erteilung der Weihen erfolgt der Reihe nach, von unten anfangend; eine promotio per saltum ist ausgeschlossen. Die niederen Weihen werden an einem Tage erteilt. Zwischen den einzelnen ordines maiores muß grundsätzlich ein Zwischenraum von mindestens einem Jahre liegen; in der Praxis genügt jedoch, daß sie nicht an demselben Tage erteilt werden.

III. Ort und Zeit der niederen Weihen: Sonn- und Festtag morgens an einem passenden Orte; der höheren Weihen: an den vier Quatembersonnabenden und den Sonnabenden vor Judika und Ostern in der Kathedralkirche unter Zuziehung des Kapitels. An anderen Tagen darf der Bischof nur auf Grund eines Breve Extra tempora ordinieren.

Quatemberfasten heissen die vier je dreitägigen Fasten (am Mittwoch, Freitag, Sonnabend), welche in der Woche nach Invokavit, Pfingsten, Kreuzeserhöhung, Lucientag gehalten wurden.

Judika ist der fünfte Fastensonntag.

§ 19. **Die Standesrechte der Kleriker** waren früher eine große Anzahl von Privilegien. Durch die moderne Gesetzgebung sind sie sehr eingeschränkt worden.

1. Das privilegium fori und das privilegium immunitatis bestehen nicht mehr.

2. Das privilegium canonis Si quis suadente diabolo schützt den Kleriker gegen tätliche Angriffe. Wer sich an einem Geweihten vergreift, fällt ipso iure in den großen Kirchenbann.

3. Die Kleriker genießen äußere Ehrenrechte. Sie sind vom Gemeinde-, Schöffen-, Geschworenenamt und von der Uebernahme von Vormundschaften befreit. Sie genießen das privilegium competentiae nach Z 811 und 850. Die zum Subdiakon Geweihten sind im Deutschen Reiche vom Militärdienste befreit.

4. Durch die Ordination wird ein character indelebilis erworben; von den Folgen dieses character kann der Papst durch Laïsierung befreien.

Standespflichten der Kleriker sind die Wahrung des decorum clericale, die Verpflichtung zum Breviergebete, die Beobachtung des Zölibates.

Die Kirchenbeamten haben einen Obödienzeid zu leisten, die professio fidei abzulegen und der Residenzpflicht zu genügen.

§ 20. **Die Kirchenämter**, beneficia, können nach verschiedenen Gesichtspunkten unterschieden werden; entsprechend sind auch die Bestimmungen über Errichtung, Veränderung und Aufhebung verschieden geordnet.

I. Einteilungen der Kirchenämter:

1. beneficia simplicia umfassen nur Chor- und Altardienst; — beneficia duplicia umfassen außerdem noch die Seelsorge.

2. beneficia curata mit Seelsorge; — beneficia non curata ohne Seelsorge.

3. beneficia manualia sind widerruflich; — beneficia titulata sind unentziehbar.

Die beneficia titulata sind als Titel zur Ordination geeignet; vgl. w. o. Seite 16; die beneficia manualia sind nicht Ordinationstitel.

4. beneficia saecularia für Weltgeistliche; beneficia regularia für Ordensgeistliche.

5. beneficia compatibilia sind mehrere Aemter, welche ein Geistlicher zugleich bekleiden kann.

Beispiel: Der Erzbischof von Gnesen-Posen ist zugleich Pfarrer von Kröben, geniesst die Einkünfte dieser Pfarre und setzt zur Vertretung einen Vikar ein.

Beneficia incompatibilia sind Aemter, deren Vereinigung in einer Hand nicht gestattet ist, z. B. wenn für jedes dieser Aemter Residenzpflicht besteht. Hierbei sind zu unterscheiden:

1. Beneficia incompatibilia primi generis, wenn durch den Besitz des zweiten Amtes das erste Amt von selbst verloren geht.

2. Beneficia incompatibilia secundi generis, wenn der Verlust des ersten Amtes nicht schon durch den Antritt des zweiten Amtes, sondern erst durch ein Gerichtsurteil der kirchlichen Instanz eintritt.

6. Nach der Verleihung werden unterschieden: beneficia collativa, welche frei verliehen werden, z. B. eine vom Bischof verliehene Pfarre; — beneficia electiva, bei denen eine kirchliche Wahl nötig ist, z. B. Bischofswahl in Altpreußen; — beneficia patronata, bei denen ein Vorschlagsrecht des Patrons besteht; — beneficia consistorialia, welche vom Papste in consistorio besetzt werden.

II. Die Errichtung der Kirchenämter, erectio, erfolgt durch den Papst oder durch den Bischof.

1. Der Papst errichtet die beneficia maiora, also Bistümer, Domkapitel, Dignitäten, ferner auch die überzähligen Domherrenstellen.

Der Titel Monsignore wird vom Papste gegen eine Gebühr verliehen; kommt ein neuer Papst auf den Stuhl Petri, so muss die Gebühr wiederum voll entrichtet werden. — Der Monsignore trägt violette Handschuhe.

2. Der Bischof kann die beneficia minora errichten, bedarf jedoch bei Erektion von Kanonikaten und Pfarreien der Einwilligung des Kapitels.

Nach ALR II 11 war staatliche Genehmigung erforderlich; neugeordnet durch die Zirkumskriptionsbullen; vgl. w. o. Seite 12.

3. Voraussetzungen der Erektion eines Benefiziums sind iusta causa und dos.

Als iusta causa gelten: evidens utilitas, urgens necessitas, incrementum cultus Divini.

Dos sind die für das Amt erforderlichen Mittel, z. B. ein Baufonds, Dotation des Amtes, Garantie des Personalbedarfes.

4. Die Erektion erfolgt loco congruo, d. h. an einem für das Kirchenamt geeigneten Platze.

III. Eine Veränderung, innovatio, von Kirchenämtern ist nur zulässig, wenn eine evidens necessitas vel utilitas vorliegt. Die Anhörung der Beteiligten ist vorgeschrieben.

1. unio ist die Vereinigung mehrerer Aemter, ev. zu einem neuen Kirchenamte.

Die unio kann erfolgen: 1. per confusionem; 2. per subiectionem; 3. per aequalitatem (z. B. Gnesen-Posen); 4. per incorporationem. Die incorporatio ist in drei Formen möglich: a) quoad temporalia; b) quoad temporalia et spiritualia; c) plenissima.

2. sectio ist die Teilung eines zu umfangreichen Sprengels in mehrere Aemter.

3. diminutio oder dismembratio ist die Abtrennung eines Teiles des selbständig weiterbestehenden Sprengels und Zuschlagung des Trennstückes zu einem anderen Amte.

4. translatio ist die Verlegung des Sitzes des Kirchenbeamten an einen anderen Ort innerhalb seines Sprengels.

5. suppressio oder extinctio ist die Aufhebung eines Amtes, weil die Kosten für die Kirchenbaulast nicht mehr aufgebracht werden können. Das Kirchgebäude wird profaniert, die Gemeinde wird einer anderen Parochie zugeschlagen.

Im übrigen gelten für die Innovation dieselben Vorschriften wie für die Erektion.

§ 21. **Der Patronat** ist die Gesamtheit von Rechten und Pflichten, die einer Person (ohne Rücksicht auf die Hierarchie) in bezug auf die Besetzung eines Kirchenamtes auf Grund bestimmter Tatbestände gegenüber der Kirchengewalt zukommen.

Der Patronat ist im fränkischen Reiche entstanden, und zwar auf Grund des Satzes, dass die Rechte an Gebäuden dem Grundherrn zustehen. Wird also auf fremdem Boden eine Kirche gebaut, so hat der Grundherr das Recht, das Kirchenamt zu besetzen.

I. Einteilungen: ius patronatus personale und reale, familiare und hereditarium, laicale und ecclesiasticum, mixtum, compatronatus.

II. Erwerbsgrund für die erste Begründung eines Patronates: pátronúm faciúnt dos, aédificátio, fúndus. Unfähig sind Häretiker, Apostaten, Schismatiker, Juden, Heiden, Ehrlose; ausnahmsweise sind nach IPO die Protestanten zugelassen.

III. Uebergang: iús patrónatús transíre facít novus héres — rés permútatá donáta vénditióque; verboten ist der Uebergang durch Verkauf wegen Simonie.

Venditio bedeutet die unentgeltliche Ueberlassung des ius patronatus reale bei Gelegenheit der entgeltlichen Veräusserung des Grundstückes.

IV. Untergang: Aufhebung des Amtes, Wegfall des Berechtigten ohne berechtigte Nachfolge, Verzicht, Verletzung der Pflichten, Simonie,

Ermordung oder Verstümmelung des Geistlichen durch den Patron, usucapio libertatis.

V. Inhalt des Rechtes: pátronó debétur honós onus útilitasque — praésentét praesít deféndat alátur egénus; außerdem gebühren ihm Ehrenrechte: besonderer Sitz in der Kirche, Fürbitte im Kirchengebete, Vortritt bei Prozessionen, Trauergeläute.

Die Kirche alimentiert den Patron nur dann, wenn andere Alimentationsverpflichtete nicht vorhanden sind und sie es ohne Schädigung ihres Vermögens tun kann.

§ 22. **Der Papst** hat den primatus iurisdictionis und den primatus honoris.

I. Primatus iurisdictionis: oberste Regierung und Leitung sowie Oberaufsicht der Kirche, Gesetzgebung, Verwaltung, Gerichtsbarkeit, sowie Vertretung nach außen.

1. Der Papst ist unfehlbare Autorität in Lehre und Sitte. Er ist Bischof von Rom, Erzbischof der römischen Kirchenprovinz, Primas von Italien, Patriarch des Abendlandes, Pfarrer an der Peterskirche.

Auch bei Ausübung dieser Funktion betritt der Papst römischen (italienischen) Boden nicht, um die Fiktion der vatikanischen Gefangenschaft aufrecht erhalten zu können.

2. Auf Grund der päpstlichen Oberaufsicht über die ganze Kirche sind die Bischöfe verpflichtet, in bestimmten Zeiträumen (in Deutschland je 4 Jahre) zur Berichterstattung persönlich nach Rom zu kommen oder einen Vertreter zu schicken; ferner sind sie verpflichtet, in gewissen Fällen einen schriftlichen Bericht, relatio status, einzureichen, der von der congregatio particularis super statu ecclesiarum (einer Abteilung der congregatio concilii) geprüft wird.

Bei dem Besuche in Rom findet die visitatio liminum statt, d. h. die Apostelgräber werden besucht.

II. Primatus honoris: Titel papa, pontifex maximus, vicarius dei (Christi, Petri); Anrede: vestra sanctitas, sanctissime pater; Selbstbenennung: servus servorum dei. Zeichen der Würde: die tiara oder das triregnum (dreifache Krone), das pedum rectum (gerader Hirtenstab), das pallium. Der Papst trägt den weißen Fischerring. Die römisch-katholischen Kirchenglieder küssen ihm den Fuß, katholische Souveräne die Hand. Das frühere officium strepae ist nicht mehr praktisch.

Triregnum oder Tiara ist das Zeichen der Herrschaft des Papstes in der streitenden, leidenden, triumphierenden Kirche.

Fischerring heisst der Ring mit dem altchristlichen Geheimzeichen ἰχθύς; abgeleitet von dem Anagramm: ἰεσοῦς χριστός θεοῦ υἱός σωτῆρ. — Diese Auslegung wird neuerdings bestritten (Hans Schmidt, Jena 1907).

Das pallium wird aus der Wolle der Lämmer der heiligen Agnes (Namenstag: 21. Januar) hergestellt. Es ist weiss mit fünf schwarzen Kreuzen.

Die Amtskleidung des Papstes ist weiss (Schulterkragen rot)

III. Die Papstwahl erfolgte ursprünglich durch den Klerus und das Volk von Rom; später unter dem Einflusse der christlichen Kaiser.

1. Papst Nikolaus überträgt 1059 die Entscheidung der Wahl den Kardinalbischöfen; der Einfluss der Kaiser verschwindet.

2. Alexander III. 1179 bestimmt, dass eine Mehrheit von zwei Dritteln der wählenden Kardinäle zur Wahl erforderlich ist.

3. Durch die constitutio Aeterni patris Gregors XV. 1621 sind Bestimmungen über das Konklave und die Papstwahl gegeben worden.

1. Wähler sind die Kardinäle, die in Rom anwesend sind und die Diakonatsweihe oder eine besondere Wahlberechtigung haben müssen.

2. Wählbar ist auch ein Laie; jedoch sind seit Urban VI. 1378 stets Kardinäle gewählt worden.

Die Nationalität des Papstes ist unerheblich, jedoch werden in der Regel Italiener gewählt.

3. Am elften Tage nach der Sedisvakanz beziehen die Wähler, und zwar jeder in Begleitung seines Konklavisten, das Konklave und bleiben dort streng von der Außenwelt abgeschlossen.

Es gibt drei Arten der Wahl:

1. quasi per inspirationem, einstimmige Wahl ohne Verhandlung;
2. per compromissum, Uebertragung der Wahl an eine Kommission;
3. per scrutinium, geheime Abstimmung mittelst versiegelter, vom Wähler unterschriebener Stimmzettel; die Selbstwahl ist ausgeschlossen; die Wahl erfolgt mit Zweidrittelmehrheit; falls diese nicht erreicht wird, kann eine engere Wahl durch accessus erfolgen. Ist auch dies ergebnislos, dann erfolgt eine neue Wahl.

Ius exclusivae Oesterreichs, Frankreichs, Spaniens ist das Recht, einen nicht genehmen Kardinal von der Wahl durch ausdrückliche Erklärung während der Wahlhandlung auszuschliessen. Durch das am 1. August 1903 vom Kardinal Puzyna im Konklave verlesene Veto Oesterreichs wurde die Wahl des Kardinals Rampolla verhindert. —.Pius X. hat durch die Bulle Commissum nobis vom 20. Januar 1904 den Kardinälen bei Strafe der Exkommunikation latae sententiae den Vortrag eines Veto verboten.

IV. Nach Annahme der Wahl erlangt der Gewählte sofort die päpstliche Jurisdiktion. Ist er noch nicht Bischof, so erfolgt vor der Krönung die Konsekration zum Bischofe.

§ 23. **Das Kollegium der Kardinäle** ist aus dem Presbyterium des römischen Bischofs und den Suffraganbischöfen der römischen Kirche hervorgegangen.

Die Organisation des Kollegs erfolgte durch Sixtus V. in den Konstitutionen Postquam verus 1586 und Religiosa sanctorum 1587.

Die Gesamtzahl beträgt nicht über 70, und zwar 6 Kardinalbischöfe, 50 Kardinalpriester, 14 Kardinaldiakone.

Die 6 Kardinalbischöfe sind die von Ostia Velletri, Oporto, Sabina, Palestrina, Frascati, Albano. — Die 50 Kardinalpriester werden nach den Pfarr- und Stiftskirchen in Rom bezeichnet. — Die 14 Kardinalsdiakone heissen nach den römischen Kapellen.

I. Die Ernennung erfolgt durch den Papst unter Uebergabe des Hutes und Ringes und Schließung und Oeffnung des Mundes. Der Ernannte leistet dem Papste den Gehorsamseid.

Die Ernennung kann auch in petto erfolgen; der Papst erklärt, er habe zur Wahrung der Anziennität einen Kardinal ernannt, verschweige jedoch den Namen (in pectore reservare; Vorpatentierung).

II. Ehrenrechte der Kardinäle sind: der Titel Eminentissimus, eine besondere Kleidung: roter Hut, Purpurkleider. Sie haben Sitz und Stimme auf den Konzilien, ausschließliche Gerichtsbarkeit vor dem Papste und genießen Unverletzlichkeit. Der Papst redet die Kardinäle als fratres an. Adelsprädikate werden von Kardinälen nicht geführt und nicht angenommen. Die Kardinäle haben mit Ausnahme derjenigen, die außerhalb Roms Bischöfe sind, Residenzpflicht in Rom.

III. Während der Sedisvakanz regiert das Kardinalskollegium unter Oberleitung des Camerlengo.

§ 24. **Curia Romana** nennt man alle Behörden und Beamten, die zur Verwaltung des Primates verwendet werden.

I. Die Behördenorganisation im allgemeinen.

1. Justizbehörden: rota Romana, signatura iustitiae, camera apostolica.

2. Für ordentliche Gnadensachen in foro externo ist die dataria apostolica, in foro interno die poenitentiaria apostolica zuständig. Für außerordentliche Gnadensachen bestand früher die signatura gratiae.

3. Für auswärtige Angelegenheiten besteht die secretaria status unter dem Kardinalstaatssekretär.

Den Dienst als Gesandte versehen Geistliche, welche als Nuntien oder Internuntien bezeichnet werden.

Legatus natus ist der Titel der Erzbischöfe von Salzburg, Prag, Köln, Gnesen. — Der König von Ungarn ist legatus natus.

Bei den legati dati werden unterschieden legati a latere (Kardinäle), nuntii und internuntii; vgl. Band 13 . . .

Gegen die Errichtung einer päpstlichen Nuntiatur in München protestierten 1786 in der Emser Punktation die Erzbischöfe von Köln, Mainz, Trier, Salzburg; jedoch vergebens.

In Frankreich durfte die Kirche auf Grund des Konkordates (vgl. w. o. Seite 12) keinen ständigen Legaten ernennen; zu besonderen Gelegenheiten darf ein Legat mit Genehmigung der französischen Regierung entsandt werden; er darf aber keine Jurisdiktion ausüben. — Seit der Kündigung des Konkordates und dem Trennungsgesetze vom 9. Dezember 1905 kann der Papst Legaten auch nach Frankreich schicken, ohne dass die dortige Regierung sich darum kümmert. Vgl. w. o. Seite 12.

4. Kanzleibehörden sind die cancellaria apostolica für Bullen, die secretaria brevium für Breven.

5. Beamte der römischen Kurie sind Prälaten, Advokaten, Prokuratoren, Protonotare, Notare, Agenten.

II. Kongregationen sind ständige Behörden oder Kommissionen, die unter der Leitung oder Mitwirkung der Kardinäle den Papst in der Betätigung der potestas iurisdictionis unterstützen.

1. Congregatio romanae et universalis inquisitionis seu sancti officii über Ketzerei und Glaubensverbrechen.

2. Congregatio indicis librorum prohibitorum überwacht die Literatur und stellt den index auf, der die verbotenen Bücher benennt.

3. Congregatio de propaganda fide zur Leitung der Missionen.

4. Congregatio concilii für Auslegung des Tridentiner Konzils und Ueberwachung der Synoden.

5. Congregatio rituum für Kultusangelegenheiten.

6. Kongregation der Sakramente, von Pius X. begründet.

7. Congregatio indulgentiarum et sacrarum reliquiarum.

8. Congregatio super negotiis episcoporum et regularium zur Aufsicht über Bischöfe und Orden.

9. Congregatio super negotiis ecclesiae extraordinariis für wichtige Angelegenheiten, insbesondere Verhältnis von Staat und Kirche.

10. Congregatio consistorialis zur Vorbereitung der Konsistorien.

Das Konsistorium ist eine den Papst in wichtigen Regierungsfragen beratende Behörde; es wird auch zu Repräsentationszwecken versammelt.

III. Besonders hervorzuheben sind:

1. Das Decretum Lamentabili sane exitu vom 3. Juli 1907 ist ein Erlaß der römischen Inquisitionskongregation und brandmarkt die Irrtümer der modernen Bibelexegese, insbesondere gegen Abbé Loisy.

Dagegen wandte sich der Syllabus von 1864 gegen das moderne Staatskirchenrecht. (Encyclica Quanta cura vom 8. Dezember 1864.)

2. Die Enzyklika Pascendi dominici gregis vom 8. September 1907 wendet sich gegen den Modernismus in einem didaktischen, kritischen, disziplinären Teile.

§ 25. **Die Erzbischöfe** sind Bischöfe, die über eine Kirchenprovinz gesetzt sind und Regierungsrechte ausüben. Unter ihnen stehen die Suffraganbischöfe.

In Deutschland bestehen 5 Erzbistümer: Köln, Gnesen-Posen, München-Freising, Bamberg, Freiburg i. Br. — Von den 20 Bistümern sind 6 exempt.

I. Der Erzbischof ist für die Berufung und Leitung der Provinzialsynoden, die Visitation der Suffraganbischöfe und die geistliche Gerichtsbarkeit in zweiter Instanz zuständig. — Die Provinzialsynode wird vom Erzbischof einberufen und geleitet. An ihr nehmen die Suffraganbischöfe, Kapitelsvikare und Klosteräbte teil; andere nur mit beratender Stimme. Die Provinzialsynode hat ein beschränktes Gesetzgebungsrecht.

In Deutschland sind die Provinzialsynoden ohne Bedeutung.

II. Die Ehrenrechte des Erzbischofs sind zunächst die der Bischöfe überhaupt, sodann hat er noch folgende besondere Rechte: Tragen des pallium, Vorantragen des Kreuzes bei feierlichen Anlässen. Der Erzbischof muß um die Verleihung des pallium beim Papste nachsuchen; er darf es nur an bestimmten Tagen in seiner Kirche tragen.

Das pallium wird instanter, instantius, instantissime erbeten; für die Verleihung sind Palliengelder (etwa 40000 Mk.) zu entrichten.

III. Die Erzbischöfe haben nur geringe Visitationsbefugnisse, z. B. über die Suffraganbischöfe und die bischöflichen Seminare.

§ 26. **Die Bischöfe** haben iura ordinis und iura iurisdictionis.

I. Iura ordinis sind:

1. communia, z. B. Taufe, Abendmahl.

2. reservata, welche die Bischöfe nicht mit den Priestern teilen, nämlich Ordination, Firmung, Bereitung des Chrisma, Konsekration von Kirchen.

3. Quinquennalfakultät ist die vom Papste auf fünf Jahre gewährte Befugnis, von einem bestimmt bezeichneten Tatbestande, z. B. defectus famae, zu dispensieren.

II. Iura iurisdictionis: die Bischöfe haben jährlich, bei großer Diözese alle zwei Jahre zu visitieren. Im Auftrage des Bischofs visitieren die Landdekane gemäß der ihnen erteilten Instruktion, die im Anschlusse an die Pfarrrelationen angefertigt wird.

Exempte Bischöfe heissen diejenigen, welche nicht einem Erzbischof, sondern unmittelbar dem Papste unterstellt sind.

In Preussen bestehen 6 exempte Bistümer: Breslau, Ermeland (Sitz in

Frauenburg in Westpreussen), Metz, Osnabrück, Strassburg im Elsass, Hildesheim.

III. Ehrenrechte der Bischöfe sind Ring, Mitra, pedum curvum (Krummstab), crux pectoralis.

Der Bischof von Breslau ist Fürstbischof, weil das frühere Fürstentum Neisse zu seiner Diözese gehört.

§ 27. **Die Bischofswahl** in Deutschland hat folgende Entwickelung zurückgelegt.

I. Der König hat ursprünglich die Besetzung der Bistümer und der Reichsabteien; er verleiht den geistlichen Fürsten die Temporalien, d. h. die weltlichen Hoheitsrechte nebst Gütern.

II. Gregor VII. 1073—1085 (Hildebrand) verlangt die Beseitigung der Laieninvestitur: Bischöfe und Reichsäbte sollen nur von der Kirche ernannt werden, die Temporalien sollen ipso iure mit dem Kirchenamte erworben sein.

III. Investiturstreit:

1. Vertrag zwischen Heinrich V. und Paschalis II. 1111: nur der Papst investiert die Bischöfe, aber diese müssen dem Könige die Temporalien, soweit sie nicht aus Privatrechtstiteln erworben sind, zurückgeben.

Dieser Vertrag ist vom Laterankonzil als erzwungen verworfen worden.

2. Wormser Konkordat, concordatum Calixti, zwischen Heinrich V. und Calixt II. 1122:

a) Electio canonica: Bischof oder Reichsabt werden vom Klerus der Diözese gewählt; in Deutschland (nicht in Italien und Burgund) kann der König oder sein Vertreter der Wahl beiwohnen und zwiespältige Wahlen entscheiden.

b) Der König investiert nicht mehr mit Ring und Stab (per anulum et baculum, Spiritualien), sondern nur noch mit dem Szepter (Temporalien, Szepterlehn), und zwar in Deutschland vor der Konsekration (vgl. w. u. unter IV), in Italien und Burgund binnen sechs Monaten nach der Konsekration.

IV. Die Besetzung der Bischofsstühle erfolgt in der Gegenwart:

1. in Italien und in den terrae missionis durch den Papst;

2. in katholischen Ländern durch den Landesherrn;

3. auf Grund der in einzelnen deutschen Staaten geltenden Zirkumskriptionsbullen durch Wahl seitens des Domkapitels.

Die Bischofswahl durch die Domkapitel erfolgt binnen 3 Monaten, seit Sedisvakanz ähnlich wie die Papstwahl; jedoch genügt absolute Majorität, accessus findet nicht statt. Durch Annahme erwirbt der Gewählte ein ius ad rem; er muß binnen 3 Monaten die päpstliche confirmatio nachsuchen. Der Papst läßt hierzu durch einen Bischof den Informativprozeß an Ort und Stelle anstellen, um die Tauglichkeit zu untersuchen; hierauf erfolgt die confirmatio; damit wird ein ius in re erworben. Innerhalb weiterer 3 Monate geschieht die consecratio des Gewählten durch einen Bischof unter Beistand von zwei Bischöfen.

Im einzelnen gilt folgendes:

1. Für Altpreussen: Einreichung einer Kandidatenliste zur Information, ob die zu Wählenden personae minus gratae sind; der König ernennt einen besonderen Wahlkommissar zur Verhandlung mit dem Kapitel.

2. Für Hannover hat die Regierung, für die oberrheinische Kirchen-

provinz der Landesherr das Recht, alle bis auf zwei Kandidaten zu streichen (irischer Wahlmodus).

§ 28. Die Domkapitel haben sich aus dem Presbyterium der bischöflichen Kirche entwickelt; die Mitglieder hießen canonici, weil sie in eine Matrikel (canon) eingetragen waren.

Eusebius von Vercelli (gest. 371) und Augustinus von Hippo vereinigten den bischöflichen Klerus zu gemeinsamer Lebensweise unter Verzicht auf Sondereigentum. Bischof Chrodegang von Metz verfasste 760 eine regula clericorum. Der Metzer Diakon Amalar stellte eine neue Regel auf, welche die Aachener Synode 817 bestätigt: sie fordert nicht mehr Verzicht auf Sondereigentum, nimmt aber sonst vieles aus der Verfassung der Klöster an.

I. Voraussetzungen des Eintrittes in ein Kapitel sind Besitz eines höheren ordo, Alter von 25 oder 30 Jahren.

An der Spitze steht in Preussen und Bayern der Propst und der Dekan, in Hannover und der oberrheinischen Kirchenprovinz der Dekan, in Gnesen und Aachen der Propst.

II. Die Besetzung der Kapitelstellen erfolgt in Preußen: durch den Papst für die Propstei und die in ungeraden Monaten erledigten Kanonikate; durch den Bischof für die Dechantei und die in geraden Monaten zu besetzenden Kanonikate.

Man unterschied früher: 1. canonici in fructibus, welche des Genusses einer Pfründe sich erfreuen; 2. canonici in herbis, welche eine Anwartschaft auf eine Pfründe haben (keine Pflichten, aber Verpflegung); seit 1803 werden solche Kanonikate nicht mehr vergeben.

III. Die Kapitel haben im allgemeinen nur ein Beratungsrecht; oft jedoch ist der Bischof an ihre Zustimmung gebunden. Bei Sedisvakanz verwaltet das Kapitel die Diözese; für die Jurisdiktion wird ein Kapitularvikar, für die Vermögensverwaltung ein oeconomus gewählt.

Es gilt der Grundsatz: ne sede vacante aliquid innovetur.

Bei Behinderung des Bischofs kann der Papst einen apostolischen Vikar bestellen.

§ 29. Die Gehilfen des Bischofs.

I. Der Generalvikar vertritt den Bischof in der Jurisdiktion. Ihn unterstützt eine besondere Behörde.

II. Der Weihbischof ist ein Gehilfe des Bischofs in Angelegenheiten der iura ordinis reservata; er ist ein Bischof, der auf ein in der Hand der Ungläubigen befindliches Gebiet konsekriert ist; Zweck ist z. B. die Unterstützung des Bischofs bei großer Diözese.

Die frühere Bezeichnung: episcopus in partibus infidelium ist nicht mehr üblich.

Die Kirche vermeidet es, grosse Diözesen zu teilen, um die Macht der Bischöfe nicht zu schwächen.

III. Landdekan (Erzpriester, Bezirksvikar) ist ein Priester, welcher die Aufsicht kleinerer Sprengel führt und den Verkehr des Klerus mit dem Bischofe vermittelt. In den Landkapiteln (Kapitelskonferenzen) der Pfarrer des Bezirkes führt der Landdekan den Vorsitz.

§ 30. Pfarrer ist der durch den Bischof für einen bestimmten Bezirk mit der Seelsorge beauftragte Priester.

I. Für die Zuständigkeit des Pfarrers gilt der Satz: quidquid est in parochia, est etiam de parochia. Es besteht Pfarrzwang; Ausnahmen hiervon sind nur mit Erlaubnis gestattet.

Bei Bedürfnis sind Hilfsgeistliche (Koadjutor, Kooperator. Vikar, Kaplan) anzustellen. Für besondere Kapellen werden Kapläne, für Tochterkirchen Kuratkapläne bestellt.

II. Bei Unfähigkeit oder Behinderung des Pfarrers werden Pfarrvikare angestellt.

§ 31. **Die Orden** sind Vereinigungen von Katholen in bestimmten Niederlassungen (Klöstern) zur Pflege gemeinsamer Ziele.

Erstes Kloster, *κοινόβιον*, gegründet von Pachomius in Tabennesus; seitdem sehr verbreitet, z. B. Ambrosius und Hieronymus in Italien, Martin in Gallien. Eine neue Ordensregel hat Benedikt von Nursia 529 seinem Kloster Monte Cassino in Campanien gegeben.

Regula: die Klosterregel; regularis: wer nach einer Klosterregel lebt.

I. Mönchsorden: Benediktiner, Cluniacenser, Kamaldulenser, Zisterzienser (Bernhardiner), Kartäuser, Prämonstratenser, Karmeliter.

II. Geistliche Ritterorden: Templer, Johanniter (Malteser), Deutschritter.

III. Bettelorden (Mendikantenorden): Franziskaner, Dominikaner.

IV. Der Jesuitenorden ist mit dem Prinzipe des unbedingten Gehorsams, insbesondere zum Kampfe gegen die Protestanten, gegründet worden (Gegenreformation).

Neben den Orden bestehen auch Kongregationen und Bruderschaften.

Die drei Ordensgelübde (vota solemnia) sind die Gelübde des Gehorsams, der Keuschheit, der Armut. — Die Kongregationen verlangen nur ein votum simplex. — Die Bruderschaften kennen keinen Zwang zum Zusammenleben und keine Regeln.

---

5. Kapitel.

Die Verfassung der evangelischen Kirche.

§ 32. **Kirchenordnungen** heißen die Gesetze, welche die Organisation der evangelischen Landeskirche regeln.

I. Die älteren Kirchenordnungen im 16. und 17 sc. enthielten:

1. Vorschriften über den Glauben und die Lehre, Credenda;

2. Vorschriften über die Kirchenverfassung und die Kirchenverwaltung, Agenda.

Ueber die Brandenburgische Visitation von 1573 siehe w. u. Seite 30.

II. Die neueren Kirchenordnungen sind Verfassungsgesetze, welche zur Organisation der Kirchenverfassung von den kirchlichen Organen unter Mitwirkung des Staates erlassen werden.

1. Für Rheinland und Westfalen ist ergangen: die Kirchenordnung vom 5. März 1835, abgeändert 1853.

2. In Bayern gilt die Kirchenvorstandsordnung vom 7. Oktober 1850.

3. Für Baden gilt das Kirchenverfassungsgesetz vom 5. September 1861.

4. In Hannover gilt die Vorstands- und Synodalordnung vom 30. März 1863.

5. In Altpreussen gelten: die Kirchengemeinde- und Synodalordnung vom 10. September 1873 und die Generalsynodalordnung vom 20. Januar 1876.

6. Für Württemberg ist die Kirchengemeinde- und Landessynodalordnung vom 29. Juli 1888 und vom 11. September 1888 erlassen worden.

§ 33. **Der Landesherr** übt die Hoheitsrechte, ius circa sacra, und das Kirchenregiment, ius in sacra, aus.

I. Die Ausübung des Kirchenregimentes wird den Konsistorien und den Superintendenten als iura vicaria übertragen; der Landesherr behält sich nur einzelne Rechte, iura reservata, vor, z. B. die Gesetzgebung, die Erteilung von Dispensen, die Ernennung höherer Behörden.

In katholischen Ländern wird das Kirchenregiment über die Evangelen durch evangelische Behörden ausgeübt, z. B. in Bayern durch das Oberkonsistorium in München und das Konsistorium in Speyer.

Das Königreich Sachsen ist ein protestantisches Land; 1648 war es nach dem Satze cuius regio eius religio protestantisch. So ist es auch geblieben, als August II. der Starke, seit 1694 Kurfürst, am 2. Juni 1697 katholisch und daher König von Polen wurde. Demgemäss bestimmt das sächsische Gesetz von 1873, dass das evangelische Kirchenregiment von den in evangelicis beauftragten Ministern, nämlich dem notwendig evangelischen Kultusminister und zwei anderen, sowie von dem Landeskonsistorium ausgeübt werde.

II. Für die Ausübung des Kirchenregimentes bestehen Konsistorien und Superintendenten.

1. Die Konsistorien sind gemischte Behörden zur Ausübung der kirchlichen Verwaltung, iura in sacra.

2. Die Superintendenten haben das Kirchenregiment über eine bestimmte Anzahl von Pfarreien.

§ 34. **Die reformierte Kirchenverfassung** beruht auf dem Grundsatze der Selbstverwaltung: die Kirche regiert sich selbst, insbesondere durch die Synoden. Vier Stufen: für die Einzelgemeinde ein Presbyterium, für mehrere Gemeinden eine Klassikalsynode, für mehrere Klassikalsynoden eine Provinzialsynode, über diesen die Generalsynode.

§ 35. **Die lutherische Kirchenverfassung** hat sich seit Anfang des 19. sc. unter der Mitwirkung der Kirchengemeinde ausgebildet.

I. Organe erster Instanz sind der Gemeindekirchenrat (unter Vorsitz des Geistlichen mit 4 bis 12 Aeltesten) und die Gemeindevertretung (in Gemeinden von 500 Seelen an) in dreifacher Zahl des Gemeindekirchenrats.

1. Der Gemeindekirchenrat hat die Vertretung der Gemeinde in inneren und äusseren Angelegenheiten, die Sorge für christliches Leben, für Gottesdienst, für religiöse Jugenderziehung, die Ernennung der niederen Kirchenbeamten; ausserdem die Verwaltung des Kirchenvermögens.

2. Die Gemeindevertretung (bei Gemeinden unter 500 Seelen: die Gemeindeversammlung) ist vom Gemeindekirchenrate bei bedeutenden Angelegenheiten hinzuzuziehen, z. B. Immobiliarsachen, Wahl des Pfarrers, Feststellung des Etats, kirchliche Umlagen.

Soll ein kirchliches Grundstück veräussert werden, so ist hierzu erforderlich: ein Beschluss des Gemeindekirchenrates, die Zustimmung der

Gemeindevertretung und die Zustimmung der Bezirksregierung, Abteilung für Kirchen und Schulen.

II. Die Kreissynode wird jedes Jahr berufen; sie besteht aus dem Superintendenten als Vorsitzenden, den Geistlichen der Diözese und der doppelten Zahl gewählter Mitglieder.

1. Zuständigkeit: Erledigung von Vorlagen des Konsistoriums oder der Provinzialsynode, Kassenverwaltung des Kreissynodalverbandes, Aufsicht über die Kassenführung der Gemeinden, Kirchendisziplin in zweiter Instanz.

2. Ständiges Organ für die laufenden Geschäfte ist der Kreissynodalvorstand, bestehend aus dem Superintendenten und vier Beisitzern.

III. Die Provinzialsynode tritt auf Berufung des Konsistoriums von drei zu drei Jahren zusammen.

1. Zusammensetzung: Abgeordnete der Kreissynoden, ein evangelisch-theologischer Professor der zuständigen Fakultät, vom Könige ernannte Mitglieder (an Zahl nicht mehr als 1/6 der gewählten Mitglieder). Der König entsendet zu den Verhandlungen einen Kommissar; die Teilnahme des Generalsuperintendenten ist statthaft.

2. Zuständigkeit: Provinzialgesetze, Provinzialabgaben, Bestimmung von zwei oder drei Vertretern für die theologischen Prüfungen.

3. Ständiges Organ ist der Provinzialsynodalvorstand, bestehend aus einem Vorsitzenden und höchstens sechs Beisitzern; er ist für die laufenden Geschäfte, für Vorschläge bzgl. Aemterbesetzung, für Erledigung von Lehrstreitigkeiten zuständig.

IV. Die Generalsynode der neun alten Provinzen tritt von sechs zu sechs Jahren zusammen, in außerordentlichen Fällen nach Bedürfnis.

1. Zusammensetzung: die Generalsuperintendenten; je ein Professor für die sechs Fakultäten Berlin, Bonn, Breslau, Greifswald, Halle, Königsberg; 150 Vertreter der Provinzialsynoden; 30 Kronsynodalen, d. h. vom Könige ernannte Mitglieder; hierzu kommt noch ein Vertreter der Hohenzollernschen Lande. Königlicher Kommissar ist der Präsident des evangelischen Oberkirchenrates.

2. Zuständigkeit: Gesetzgebung, Aufsicht über Vermögensverwaltung, Zustimmung zu kirchlichen Abgaben.

3. Ständiges Organ ist der Generalsynodalvorstand, bestehend aus dem Vorsitzenden, seinem Stellvertreter, fünf Beisitzern; er ist zuständig für die laufenden Geschäfte.

V. Der Synodalrat besteht aus dem Generalsynodalvorstande und 18 von der Generalsynode gewählten Abgeordneten. Der Synodalrat tagt jährlich zusammen mit dem evangelischen Oberkirchenrate zur Beratung der Aufgaben der Landeskirche in der Diaspora.

VI. Der Deutsche evangelische Kirchenausschuß, seit November 1903, bildet einen Zusammenschluß der evangelischen Landeskirchen.

§ 36. **Die Ordination** ist feierliche Beglaubigung und Bestätigung zum Dienste am Worte Gottes; sie ist kein Sakrament.

1. Die Erteilung erfolgt durch den Superintendenten oder Generalsuperintendenten regelmäßig schon vor der Einführung in ein Amt.

2. Die Ordination begründet nicht einen character indelebilis; durch Absetzung geht die Wirkung der Ordination verloren.

3. Voraussetzungen der Verleihung des Amtes sind: Alter von gewöhnlich 25 Jahren, Gesundheit, guter Ruf; uneheliche Geburt ist kein Hinderungsgrund. Verlangt wird ferner rechtmäßiger Glaube, daher

Verpflichtung auf die Bekenntnisschriften; die wissenschaftliche Befähigung wird durch zwei Prüfungen nachgewiesen: pro licentia concionandi und pro ministerio; in Preußen ist außerdem der Treueid zu leisten.

4. Die Verleihung erfolgt durch den Landesherrn, die Gemeinde, den Patron. In Preußen sind mit der Ernennung die Konsistorien beauftragt.

§ 37. **Das geistliche Amt** der evangelischen Kirche ist das Pfarramt. Eine Hierarchie besteht nicht.

Dem äusseren Range nach unterscheidet man Pastor, Pastor primarius, Diakon, Subdiakon, Archidiakon, Oberpfarrer, Propst, Kircheninspektor, Bischof.

I. Die Rechte der Geistlichen sind die gleichen wie in der katholischen Kirche, ausgenommen die Militärbefreiung.

II. Pflichten sind: die Wahrung des decorum clericale, die Residenzpflicht, jedoch kein Zölibat.

III. Die Errichtung und Veränderung des Kirchenamtes erfolgt durch die Staats- und die Kirchenbehörden; jedoch auch Mitwirkung der Gemeinden.

IV. Die Erledigung des Amtes tritt ein durch Tod, Verzicht unter Genehmigung der vorgesetzten Behörde, Niederlegung wegen Alters oder Krankheit.

Bei kurzer Behinderung erfolgt Vertretung durch die benachbarten Geistlichen; für grössere Zeit: Bestellung eines Vikars oder Adjunkten; bei dauernder Behinderung: Einsetzung eines Substituten oder Emeritierung.

V. Die Aufsicht über die Geistlichen erfolgt durch die Superintendenten; diese werden vom Generalsuperintendenten oder durch das Konsistorium revidiert.

VI. Der Patronat ist ähnlich wie in der katholischen Kirche geordnet, jedoch besteht kein Unterschied zwischen geistlichem und Laienpatronat. Der Patron hat aber weitergehende Rechte, insbesondere Vermögensverwaltung, oft auch Einsetzungsrecht; nach ALR. II ist der Patronat staatlich.

VII. Orden. Nach evangelischer Anschauung sind Klostergelübde nichtig und unverbindlich; die evangelischen Vereine für Armen- und Krankenpflege erfordern kein lebenslängliches Gelübde; sie dürfen die kanonischen Regeln nicht nachahmen.

---

6. Kapitel.

Das Kirchenvermögensrecht.

§ 38. **Das Kirchenvermögen**, res ecclesiasticae, ist das der Kirche als solcher gehörende Vermögen.

I. Nach katholischem Rechte werden res sacrae und res ecclesiasticae i. e. S. unterschieden.

1. Die res sacrae sind entweder res consecratae, z. B. Kirche, Altar, Kelch, oder res benedictae, z. B. Friedhof, Glocke, Monstranz.

Diese Einteilung ist für das evangelische Recht bedeutungslos.

II. Als eigentliche res ecclesiasticae bezeichnet man das nicht geweihte Kirchenvermögen zur Bestreitung kirchlicher Bedürfnisse, z. B. Staatsbeiträge, Abgaben, Kollekten, Stolgebühren. Hierbei ist zu unterscheiden:

1. Pfründen, bona beneficialia, dienen der Personalexigenz.

2. Die Kirchenfabrik, d. h. der zur Bestreitung der Kultuskosten und Baulasten zu verwendende Teil des Kirchenvermögens, dient der Realexigenz.

III. Die Kirche darf Steuern erheben, dieses Recht ist ihr vom Staate zugestanden worden; sie kann die Rückstände durch eigene Beamte beitreiben lassen.

§ 39. **Die Erwerbsfähigkeit** der Kirche ist staatlich anerkannt, seitdem Konstantin der Kirche gestattet hat, Erbschaften und Vermächtnisse zu erwerben.

I. Eigentümer des Kirchenvermögens.

1. Für katholisches Recht ist es streitig, wer Eigentümer am Kirchenvermögen ist.

Kirchliche Schutztheorie: Gott oder die Armen; hierarchische Theorie: Papst, Benefiziat, Diözesankollegium; publizistische Theorie: Landesherr, Staat, res nullius; Gesamtkirchentheorie: Gesamtkirche; Institutentheorie: das einzelne kirchliche Institut; Antidominialtheorie: der bürgerliche Eigentumsbegriff sei hier unanwendbar.

2. Nach evangelischem Kirchenrechte und nach ALR ist die einzelne Anstalt Eigentümer; allerdings besteht nach einigen Gesetzen Eigentum der Kirchengemeinde.

II. Die christlichen Kirchen sind Korporationen des öffentlichen Rechtes; ihr Erwerb ist durch Amortisationsgesetze beschränkt.

Tote Hand, manus mortua, ist die Bezeichnung der juristischen Personen, insbesondere der Kirche, als Immobiliareigentümer, weil die Immobilien gewöhnlich nicht veräusserlich wurden und daher für den Verkehr starben. Amortisationsgesetze seit dem 13. sc.

Einf-B 86 bis 88 lässt landesrechtliche Beschränkungen zu. — Preussisches Amortisationsgesetz vom 23. Februar 1870 ist ersetzt durch prAusfB 6: Schenkungen und Zuwendungen von Todes wegen an juristische Personen aller Art (mit Ausnahme der Familienstiftungen) im Werte von mehr als 5000 Mk. (1870: 3000 Mk.) bedürfen königlicher Genehmigung; diese ist bei der Bezirksregierung (Berlin: Polizeipräsident) nachzusuchen und von dem Minister, in dessen Ressort die juristische Person gehört, einzuholen.

§ 40. **Die Kirchenbaulast** ist grundsätzlich eine persönliche Verpflichtung der Kirchengemeindeglieder des Sprengels; sie kann jedoch auch eine Reallast sein, über deren Bestehen und Umfang im ordentlichen Rechtswege gestritten wird.

Nur die Angehörigen der betr. Kirche sind verpflichtet; die Brandenburgische Visitation von 1573 legt die Last subsidiär der politischen Gemeinde (aus allen Konfessionen bestehend) auf; das RG hat die Visitation für obsolet erklärt.

I. Die geistliche Obrigkeit prüft Notwendigkeit und Art des Baues, § 707 ALR II 11. Bei Streitigkeiten hierüber hat die geistliche Obrigkeit, wenn ein gütlicher Ausgleich nicht stattfindet, den Streit an die weltliche Obrigkeit zu verweisen.

Die Bezirksregierung erlässt ein Bauresolut; hiergegen Rekurs an den Minister; — Verordnung vom 27. Juni 1845 und Gesetz vom 3. Juni 1876.

II. Nach katholischem Rechte ist die Kirchenbaulast der Reihe nach zu tragen:

1. von der Kirchenfabrik,

2. von allen Genießern von Einkünften aus Kirchengut, z. B. aus Zehnten, Pfründen,

3. gemäß sess. XXI c. 7 des Tridentinum von den Patronen nur dann, wenn sie fructus percipiunt,

4. von den Mitgliedern der Parochie.

III. Nach gemeinem evangelischen Kirchenrechte trägt die Kirchgemeinde die Last, ev. der Patron.

IV. Nach § 712 ALR II 11 sind die Baukosten hauptsächlich aus dem Kirchenvermögen zu nehmen; reicht die Fabrik nicht aus, so haben Patron und Eingepfarrte den Ausfall zu tragen, § 720 a. a. O., und zwar:

1. bei Landkirchen: Patron $^2/_3$, Parochianen $^1/_3$;

2. bei Stadtkirchen: Patron $^1/_3$, Parochianen $^2/_3$.

---

7. Kapitel.

Die kirchliche Gerichtsbarkeit.

§ 41. Rechtsgenossen der Kirche sind diejenigen Personen, welche kraft zwingender Rechtsvorschrift als der Kirche zugehörend angesehen werden.

I. Die katholische Kirche sieht jeden gültig Getauften als ihr zugehörend an; insbesondere auch Ketzer.

Tritt ein getaufter Nicktkatholik zur katholischen Kirche über, so wird er nochmals, aber bedingt getauft. Bei Proselyten verlangt die katholische Kirche feierliche Abschwörung und Verfluchung des früheren Glaubens.

Der Standpunkt der katholischen Kirche gegenüber anderen Bekenntnissen:

1. Heiden glauben nicht an eine geoffenbarte Religion, z. B. Buddhisten, Fetischisten, Dissidenten, Monisten.

2. Ungläubige glauben nicht an Christus, z. B. Juden, Mohammedaner.

3. Apostaten sind vom christlichen Glauben überhaupt abgefallen.

4. Häretiker oder Ketzer sind vom rechten katholischen Glauben abgefallen, z. B. Lutheraner.

5. Schismatiker sind zwar katholische Christen, halten aber den rechten katholischen Glauben in bezug auf einzelne Dogmen nicht ein, z. B. Altkatholiken, Griechisch-Orthodoxe.

II. Der Eintritt in die evangelische Kirche erfolgt durch Taufe und Konfirmation.

Durch Personenstandsgesetz vom 6. Februar 1875 ist der frühere Zwang zur Taufe beseitigt.

III. Der Austritt aus einer Kirche erfolgt durch Erklärung vor Gericht.

Nach katholischer Lehre sind die Austretenden, also Häretiker und Schismatiker, von den Segnungen der Kirche ausgeschlossen; nach evangelischem Rechte sind Uebertritte zulässig und bewirken den Verlust der Kirchenangehörigkeit.

§ 42. **Die kirchliche Gerichtsbarkeit** geht auf das Schiedsrichteramt der Bischöfe zurück; von Konstantin 321 gesetzlich anerkannt.

Später hat Konstantin den Bischöfen eine wirkliche Gerichtsbarkeit gegeben; diese wurde 398 wieder beseitigt. Durch Justinian sind die Klagen gegen Geistliche und von Geistlichen untereinander vor das geistliche Gericht verwiesen worden. Allmählich wurde auch im Frankenreiche die geistliche Gerichtsbarkeit durchgeführt, insbesondere durch die pseudoisidorischen Dekretalen.

I. Das geistliche Gericht hatte eine Kompetenz in fünf Beziehungen:

1. causae mere spirituales, z. B. Ehesachen (besteht noch gegenwärtig);

2. causae spiritualibus annexae, z. B. Patronat, Zehnten, Eid, Testament;

3. alle Prozesse gegen Kleriker;

4. alle Prozesse der Witwen, Waisen, Armen;

5. eine Justizverweigerung bei weltlichem Gerichte begründet das geistliche Forum.

Die kirchliche Gerichtsbarkeit hat gemäss G 15 keine bürgerliche Wirkung, ist aber nicht aufgehoben.

II. Gemäß einem Edikte Chlotars II. 614 werden Kriminalsachen gegen Bischöfe, Priester, Diakone durch die Synode entschieden.

Durch die pseudoisidorische Dekretalen wird bestimmt, daß Kleriker nur von Klerikern abgeurteilt werden können.

III. Die Delikte werden eingeteilt in:

1. mere ecclesiastica, rein kirchliche Verbrechen: Ketzerei, Schisma, Apostasie, Simonie;

2. mixti fori, z. B. Gotteslästerung, Meineid, Hexerei, Zauberei, Blutschande, Unzucht, Wucher;

3. civilia, gemeine, von Geistlichen begangene Verbrechen.

Bei den delicta mixti fori ist das geistliche Gericht nur im Falle der Prävention zuständig.

§ 43. **Die Kirchenstrafen** des kanonischen Rechtes sind Pönitenzen und poenae.

I. Pönitenzen sind Bußstrafen, z. B. Rosenkranzbeten;

II. Die poenae werden eingeteilt in poenae vindicativae und censurae (poenae medicinales).

1. Vindicativae, z. B. Amtsenthebung, Irregularität, Verweigerung des kirchlichen Begräbnisses, ferner alle bürgerlichen Strafen mit Ausnahme der Todesstrafe, denn ecclesia non sitit sanguinem.

2. Censurae sind excommunicatio, interdictum, suspensio.

a) Exkommunikation, Bann, ist entweder grosser oder kleiner Bann.

α) Grosser Bann ist völliger Ausschluss aus der Kirchengemeinschaft unter Verbot des Verkehrs mit den Gebannten.

Wird der grosse Bann in feierlicher Form ausgesprochen, dann heisst er anathema.

β) Kleiner Bann ist Ausschluss von den Sakramenten und Kirchenämtern.

b) Interdikt: Verbot gottesdienstlicher Handlungen an bestimmten Orten (interdictum locale), z. B. gegen den Friedhof von Fameck 1903/04), oder für bestimmte Personen (interdictum personale).

c) Suspension gegen Geistliche kann in verschiedenen Formen erfolgen, entweder allgemein oder nur von einzelnen Rechten.

III. Gegenwärtig ist den Religionsgesellschaften die Strafgerichtsbarkeit genommen; es sind nur Straf- und Zuchtmittel gestattet, die dem rein religiösen Gebiete angehören oder die Entziehung eines innerhalb der Kirche oder Religionsgesellschaft wirkenden Rechtes oder die Ausschließung aus der Kirchen- oder Religionsgesellschaft betreffen.

§ 44. **Sakramente** sind nach katholischer Lehre kirchliche Handlungen zur Vermittelung der unsichtbaren Gnade Gottes durch sichtbare Zeichen.

I. Das katholische Recht hat sieben Sakramente, die ex opere operato wirken. Erfordernisse eines jeden Sakramentes sind: elementum oder sinnlich wahrnehmbares Zeichen (materia), verbum, d. i. Gebrauch bestimmter Worte (forma), minister, der richtige Spender mit intentio faciendi id quod facit ecclesia.

1. Baptismus, Taufe: Materie ist reines, gewöhnlich geweihtes Wasser; Form: ego te baptizo in nomine patris et filii et spiritus sancti; Minister: Pfarrer, in Notfällen auch Laien, Ketzer, Ungläubige.

2. Confirmatio, Firmung: Materie ist Salbung mit Chrisma, Form: die hierzu bestimmten Worte, Minister: Bischof.

3. Eucharistia, Abendmahl: Materie ist Brot und Wein, jedoch empfängt der Laie nur das Brot; Form: Einsetzungsworte Christi; Minister: Priester.

4. Poenitentia, Busse: Materie sind: contritio cordis, confessio oris, satisfactio operum; Form: Absolutionsformel; Minister: Bischof oder Priester.

5. Extrema unctio, letzte Oelung: Materie ist Salbung mit Krankenöl an den Sinnesorganen; Minister: der zuständige Pfarrer; Form: Gebete.

6. Ordo, Ordination.

7. Matrimonium, Ehe: Materie ist nach einer Ansicht die copula carnalis, nach anderer die benedictio sacerdotalis; Form: Konsens; Minister nach der ersten Ansicht die Ehegatten selbst, nach der andern der Priester.

II. Nach evangelischem Kirchenrechte gibt es zwei Sakramente, Taufe und Abendmahl; sie wirken jedoch nicht ex opere operato, sondern durch den gläubigen Empfang.

§ 45. **Die Ehe** ist nach katholischem Rechte ein Sakrament, nach evangelischem hingegen nicht. Das kirchliche Eherecht ist ohne bürgerliche Wirkung, jedoch läßt B 1588 die kirchlichen Verpflichtungen unberührt. Die Zivilehe wird vom evangelischen Kirchenrechte anerkannt.

I. Nach dem Tridentinum, sessio 24, Decretum Tametsi, ist der Konsens der Verlobten coram parocho proprio et duobus vel tribus testibus zu erklären. Der Pfarrer muß anwesend sein, gleichviel, ob freiwillig oder gezwungen (etsi coactus, passive Assistenz). Die Trauung findet in facie ecclesiae statt.

Durch das Decretum Ne temere vom 2. August 1907 ist das Decretum Tametsi aufgehoben worden.

Nach katholischem Kirchenrechte gilt noch heute die Zivilehe ohne kirchlichen Abschluss als Konkubinat. Zu unterscheiden: matrimonium legitimum (nach den Staatsgesetzen) uud matrimonium ratum (nach katholischer Vorschrift).

II. Ehehindernisse des katholischen Kirchenrechtes:

1. Impedimenta dirimentia publica, trennende, von Amts wegen zu berücksichtigende Ehehindernisse:

Aetas, impotentia (infolge Kastration), amentia, cognatio naturalis in gerader Linie und bis zum vierten Grade in der Seitenlinie (seit dem 4. Laterankonzile 1215), cognatio legalis, Adoptivverwandtschaft bis Onkel und Tante, cognatio spiritualis, z. B. Taufpate, affinitas in drei Formen: nämlich legitima in gerader Linie und bis zum vierten Grade der Seitenlinie, illegitima in gerader Linie und bis zum zweiten Grade der Seitenlinie, quasiaffinitas zwischen dem Verlobten und nahen Verwandten des anderen, ligamen (Doppelehe), adulterium et crimen, disparitas cultus (Ehe zwischen Katholiken und Ungetauften), raptus (Entführung), ordo (Weihe), votum solemne (Gelübde auf Lebenszeit).

2. Impedimenta dirimentia privata werden nicht von Amts wegen berücksichtigt, sondern nur durch Geltendmachung, vernichten jedoch in diesem Falle die Gültigkeit der Ehe:

Vis, dolus, metus, error, personae sowie conditionis und qualitatis, impotentia (von Natur), conditio (Suspensivbedingung).

3. Impedimenta impedientia, aufschiebende Ehehindernisse, sollen den Abschluß der Ehe verhindern; wird dennoch die Ehe abgeschlossen, dann ist sie nicht ungültig:

Mangel des elterlichen Konsenses, tempus clausum (eine für ungeeignet erklärte Zeit, z. B. Charwoche), mixta religio, z. B. zwischen Katholen und Protestanten, votum simplex, sponsalia, d. i. vorheriges Verlöbnis mit einer anderen, vetitum ecclesiae (Verstoss gegen ein vorläufiges Gebot kirchlicher Oberer).

III. Nach evangelischem Kirchenrechte besteht dieselbe Dreiteilung.

1. Impedimenta dirimentia publica: aetas, amentia, Blutsverwandtschaft gerader Linie und in der Seitenlinie bis zum 3. Grade, Adoptivverwandtschaft (wie nach katholischem Kirchenrecht), Schwägerschaft bis zum ersten Grade, Ehebruch und Mord, Doppelehe, Ehe mit Ungetauften.

2. Impedimenta dirimentia privata: Mangel der Einwilligung der Eltern, verborgene Impotenz, Zwang, Betrug, error substantialis.

3. Impedimenta impedientia: bestehendes Verlöbnis, Wartezeit der Witwe, vorläufiges Trauungsverbot, ungeeignete Zeit.

Druck von A. W. Hayn's Erben Potsdam.

Kolibri 360 GmbH
Ferdinand-Jühlke-Straße 7
99095 Erfurt, Deutschland
produktsicherheit@kolibri360.de